KB244407

군인교회를 사랑합니다

군인교회를 사랑합니다

군인교회를 사랑합니다

초판 1쇄 펴낸 날 · 2012년 11월 15일 | 초판 2쇄 펴낸 날 · 2012년 12월 15일
지은이 · 장승권 | 펴낸이 · 김승태
등록번호 · 제2-1349호(1992. 3. 31) | 펴낸 곳 · 예영커뮤니케이션
주소 · (136-825) 서울시 성북구 성북1동 179-56 | 홈페이지 www.jeyoung.com
출판사업부 · T. (02)766-8931 F. (02)766-8934 e-mail: jeyoungedit@chol.com
출판유통사업부 · T. (02)766-7912 F. (02)766-8934 e-mail: jeyoung@chol.com

ISBN 978-89-8350-819-5 (03230)

Korean Copyright © 2012 장승권

값 13,000원

군인교회를 사랑합니다

장승권 지음

예영커뮤니케이션

추천사 1

모든 일을 혼자 해내야 하는 군 목회 현장에서 매 주일 주보에 목양 칼럼을 기록하여 자신의 목회 생활의 한 주간을 묵상하는 일을 계속하는 것은 결코 쉬운 일이 아니다. 오랜 세월 군 목회에 자신을 헌신해 온 장승권 목사의 목양 칼럼은 그가 군 목회를 얼마나 중요하게 생각하고 있는가를 단적으로 보여 주는 증거라고 할 수 있을 것 같다.

주보는 목회자가 성도들과 소통할 수 있는 탁월한 수단이라는 점에서 목양 칼럼은 그 의미가 깊다고 하겠다. 그런 방법으로 성도들과 끊임없이 신앙적 소통을 하기 위해 노력하는 저자의 마음이 잘 표현된 이 책은 군 목회 현장에 몸담고 있는 사람들뿐만 아니라 그리스도를 섬기는 모든 사람들에게 좋은 묵상집이 될 것으로 생각된다.

사미자(장로회신학대학교 명예교수)

지난 17년 동안 대한민국 군종 목사로서 선명한 목회 철학과 원칙적 가치를 바탕으로 '한 영혼을 사랑하는 것'만큼은 부족하게 하지 않겠다며 목적지향적인 열정으로 헌신해 온 저자가 주님과의 깊은 만남 속에 눈물과 간구로 씨름하면서 군종 목회 현장에서의 경험들과 묵상들을 한 권의 책으로 엮었다.

이 책은 군종 목사에 대한 이해에 큰 도움을 줄 것이다. 하나님의 종으로서 실력과 능력을 갖춘 군종 목사의 스마트한 모습을 볼 수 있어서 기쁜 마음으로 추천한다.

이학수 목사(사단법인 한국기독교군선교연합회 사무총장)

　　이름 없이 빛도 없이 시골에서 한 평생 목회만 하신 아버지 목사님의 뒤를 이어 목사가 된 장승권 목사. 그에게는 목사 아들의 냄새가 난다. 양들의 특성을 알고 양들의 아픔을 잘 아는 목자의 냄새가…….

　　군종 목사로 군을 섬긴지 20년 가까이 된 그가 군인으로, 또한 목사로 섬기며 느낀 바를 잔잔한 필체로 담아 내었다. 잔잔한 감동이 묻어나는 그의 고백을 좀 더 많은 사람들이 들었으면 좋겠다.

홍성욱(안양제일교회 담임목사)

교회는 모든 강물을 가리지 않고 다 받아들이는 바다와 같다. 교회는 모든 사람을 다 품어 주는 곳이다. 교회는 못 들어가는 사람이 없어야 한다. 그래서 교회는 보편적이며 포용적이다. 그런데 군인교회는 군인들이 가는 교회이다. 군인교회는 모든 사람들이 다 들어가지 않는 교회이다. 그럼에도 불구하고 군인교회는 가장 필요한 교회이고, 군인들에게 집과 같은 곳이며, 어머니와 같은 품이다. 이런 교회에서 목회한다는 것은 아무나 할 수 있는 일이 아니고 특별한 소명이 이를 가능하게 한다.

리더의 인생에는 일곱 단계가 있다. 첫째는 아기의 단계로서 멘토가 필요한 단계이다. 둘째는 학생의 단계로서 다른 사람과 적응하는 단계이다. 셋째는 연인의 단계로서 동료의 감정을 다치지 않도록 하는 단계이다. 넷째는 군인의 단계로서 자신보다 뛰어난 사람을 주변에 두는 단계이다. 다섯째는 장군의 단계로서 부하를 편안하게 하고 무슨 말이든 들어 주는 단계이다. 여섯째는 정치가의 단계로서 떠날 준비를 하면서 자신의 지식과 지혜를 조직에 남기기 위해 노력하는 단계이다. 일곱째는 현인의 단계로서 새로 등장하는 아기 리더들의 멘토 역할을 하는 단계이다.

우리는 인생에 있어서 반드시 군인의 단계를, 장군의 단계를 거쳐야 바른 리더가 될 수 있다. 그런 의미에서 군인으로 산다는 것은 성숙한 어른이 되어 가는 과정에서 엄청난 메리트를 주는 일이다. 좋은 군인이 된다는 것은 좋은 사람이 되는 것이다. 좋은 군인을 길러 내는 것은 좋은 사람을 양성하는 것이다. 옛말에 '양병십년 용병일일(養兵十年 用兵一日)'이라는 말이 있다. 하루를 잘 싸우게 하기 위하여 십 년을 길러 내는 심정으로 정성을 쏟는 일꾼이 군종 목사이다.

장승권 목사님은 군인인 동시에 목사이다. 전투복을 입었지만 총 대신 성경을 들었다. 성경은 곧 하나님의 사랑이다.

이 책에는 하나님 사랑과 나라 사랑 그리고 군인 교회와 장병들에 대한 사랑이 스며들어 진한 향기가 있다. 이 책을 통하여 대한민국 군인교회의 존재 가치가 드높

아지며 군종 목사님들에게 큰 힘이 되기를 기대하면서 기쁜 마음으로 이 책을 여러분들게 추천한다.

이성희(연동교회 담임목사)

　　군선교 현장에서 군선교 사역자들은 눈물과 기도로 밤낮을 가리지 않고 군사역에 임하고 있다. 장병들과 함께 때로는 GOP에서, 해안에서, 강안에서, 사이트에서, 함상에서 온몸을 던져 복음 사역에 매진하고 있다. 군선교 사역자들의 헌신된 노력으로 국가 공인 엘리트 청년들이 하나님의 백성이 되어 사회로 나아가고 사회 발전의 원동력이 된다는 사실은 개인으로서도 기쁜 일이요, 민족적 차원에서도 더할 나위 없는 축복이다.

　　군선교는 아무리 강조해도 지나치지 않는다. 우리 민족이 받은 가장 큰 복 중에 복은 복음이 이 땅에 전파되었다는 사실이다. 그리고 짧은 역사 동안에 놀라운 복음 전파가 이루어졌는바 한국교회 성장의 원인에는 여러 가지가 있겠지만 무엇보다도 군대에서 수많은 젊은 영혼들이 복음을 받았다는 데 있다.

　『군인교회를 사랑합니다』라는 책은 장승권 목사의 눈물과 땀과 사랑이 녹아져 있는 삶의 묵상이요, 신앙에 세이다. 그동안 군목회 현장에서 체험한 것을 그대로 옮겨 놓음으로 군선교 현장이 얼마나 귀하고 맛있는 요리와도 같은 곳인지를 깨닫게 한다. 이 책의 내용은 비단 장 목사만의 이야기가 아닌 우리 모두의 이야기라고 확신한다. 한 편 한 편 읽으면서 진한 영혼 사랑의 감동을 받는다. 여러분들을 군목회 현장의 감동으로 초대하면서 기쁜 마음으로 일독을 권한다.

정헌교 목사(예장총회(통합) 군농어촌선교부 부장)

서문

　인생은 광야입니다. 광야는 생존이 불가능한 환경입니다. 이스라엘의 위대한 지도자 모세는 바로를 피해 미디안 광야로 다윗은 장인 사울을 피해 유다, 엔게디, 십 광야에서 생존을 도모하였으며 세례 요한은 유대 광야에서 하나님의 말씀을 전하였고, 예수님은 공생애를 시작하기 전에 성령에 이끌리어 광야로 가셨습니다. 이스라엘 백성은 40년간 광야에서 살아야 했습니다. 눈에 보이는 광야만 광야는 아닐 것입니다. 아브라함, 요셉, 엘리야, 다니엘, 예레미야, 에스겔 등 무수한 하나님의 종들이 자신의 삶의 보금자리를 떠나 하나님의 뜻대로 살아야 했습니다.

　광야! 혼자서는 생존할 수 없는 그곳에서 하나님은 저들을 만나 주시고, 저들에게 필요한 영의 양식과 육의 양식을 허락하셨습니다. 제가 사역하는 군도 광야일 수밖에 없습니다. 장병들이 안락한 집을 떠나 전후방 각

지에서 훈련, 작전, 경계 등 임무를 수행하는 것은 쉬운 일이 아닙니다. 광야(미드바르)는 히브리어로 '하나님의 말씀을 만나는 곳'이라는 뜻입니다. 광야의 인생길에서 하나님을 만나고 말씀을 만나는 사람이 복 있는 사람입니다. 그래서 하나님은 우리를 광야로 부르셔서 은혜를 주시고, 능력을 주시고, 사명을 주십니다. 그 군대라는 광야에 저를 '군종목사'로 불러 주셨습니다. 17년 동안 군종목사로 사역하면서 묵상한 내용을 책으로 엮어 보았습니다. 함께 공감해 주신다면 그것만으로도 고마운 일입니다.

사랑하는 부모님과 장모님, 군종목사를 만나 이리저리로 이사하는 어려움을 감당하고 있는 아내 한계희, 아들 태론, 세론에게 사랑을 전합니다. 그동안 동역했던 군 교회 성도님들과 육사교회 성도님들께 감사드립니다. 졸고를 출판해 주신 예영커뮤니케이션 김승태 대표께 감사드립니다.

2012년 11월 육군사관학교 교정에서
Patos 장승권 목사

차례

♡ 시골 목사 ♡ 심방 ♡ 살아남는 목회 Vs 살리는 목회 ♡ 인생 표지판 ♡ 고구마 목사 ♡ 예원이를 위해서! ♡ 아이가 스승입니다 ♡ 1년을 10년처럼! ♡ 목소리를 돌려주세요! ♡두 사람의 길 ♡ 금(禁) Coffee! ♡ 십자가선교회 ♡ 4월에는 행복합니다 ♡ 처음 주례했습니다 ♡ 어! 시원하다! ♡ 목사가 된 군종병 ♡ 잊을 수 없는 집사님 ♡ 약속 ♡ 약한 나로 강하게 ♡ 손을 잡아주세요! ♡ 백마교회를 떠나며 ♡ a letter Vs SNS

제1부 인생표지판

어떻게 해야

목회 현장에서 살아남을 수 있는지

모르는 것은 아니지만

저의 뜨거운 소망은

'내가 죽고 성도를 살리는

목회'를 하고 싶다는 것입니다.

시골 목사

　어머니 뱃속에서부터 교회를 다닌 나는 비교적 순탄한 과정을 통해서 목사가 되었습니다. 목사가 되려고 결심하게 된 가장 큰 동기는 시골 목사인 아버지 때문이었습니다. 중학교 2학년 방학 기간 중 어느 날 점심 때였습니다. 점심을 먹으려니 쌀이 없어 어머니는 말려 놓은 누룽지를 끓여서 주셨습니다. 밥 한 끼 먹을 양식이 없어 누룽지를 먹는다는 것이 사춘기 시절의 나에게는 대단히 자존심 상하는 일이었습니다.

　어쩌면 내 눈에 비친 아버지는 무능해 보였는지도 모릅니다. 교회도 좋고, 예수님도 좋고, 목사도 좋았지만 가난은 싫었습니다. 나는 돈을 많이 벌어야겠다고 결심했고, 돈이 가장 많은 곳은 당연히 은행이라고 생각했기 때문에 꿈은 은행장이 되는 것이었습니다.

　그러나 철이 들고 대학에 갈 시기가 되면서 고민에

빠졌습니다. 시골 목사인 아버지가 이상하게 멋있어 보이기 시작한 것입니다. 아버지는 43년의 목회 기간 중 몇 년을 제외하고는 대부분 시골 교회에서 목회를 하셨고, 그곳에서 목회를 마치셨습니다. 아버지는 목회 기간은 오래되었어도 소위 유명한 목사는 아니었습니다. 신문지상에 소개되는 수많은 기독교 단체에 아버지 이름 석 자가 올라가 본 적도 없고, 사진 한 장 실린 적도 없습니다. 평생 쓰신 교계의 감투래야 은퇴 1년을 앞두고 억지로 시찰장(장로교회의 조직으로 20~30개 교회를 돌보는 일)을 1년간 하셨을 뿐입니다.

그러나 지금도 또렷이 기억하는 것은 아버지는 금식 기도를 자주 하셨고, 40일 금식 기도를 세 번이나 하셨던, 정말 죽기를 각오하고 기도하신 분이었습니다. 때문에 귀신을 쫓아내고 병자를 고치는, 성경에 나오는 제자들에게 주신 권능을 행하신 분이었습니다. 그러나 한 번도 자신이 받은 은사를 광고하신 적도 없고, 자신을 선전하신 일도 없었습니다.

평생의 목회를 마친 후에는 거처할 방 한 칸 없어 여인숙에서 1년을 지내셨습니다. 그래서 자식들이 시골에 작은 집을 지어 드렸고, 처음으로 아버지의 이름으로 등기된 집으로 이사하시며 기뻐하시고 감사했습니다.

어릴 땐 한없이 커 보였던 아버지는 이제 팔순이 넘으셨고, 매월 자녀들이 보내 주는 용돈으로 생활하는 힘없는 노인이 되셨습니다. 몸도 마음도 모두 가난한 노인이 된 것입니다.

자녀는 부모로부터 여러 가지를 물려받습니다. 어떤 이는 재능을, 어떤 이는 학문을, 어떤 이는 재산을……. 저는 아버지로부터 목회를 물려받았습니다. 아내는 제 목회하는 것이 꼭 아버님 같다고 말합니다.

아버지는 1.4후퇴 때 월남한 후 육군에 입대하여 전투 중 부상을 당해 치료받던 63야전병원에서 군목(軍牧)을 통해 하나님을 믿게 되었습니다. 그리고 제대 후 목회자의 길을 걸으셨습니다. 어쩌면 지금 내가 군종목사로 사역하고 있는 것도 아버지께서 군목으로 받은 복음의 빚을 대신 갚고 있는 것인지도 모릅니다.

아버지는 한 번도 저를 향해 "신학교 가라! 목사 되어라!"라고 말씀하신 적이 없으셨습니다. 아마 목회가 너무 힘들고 어려운 길이었기 때문일지 모르고, 어쩌면 목회자의 길은 누구의 권유가 아니라 개인을 향한 하나님의 부르심이라고 생각하셨는지도 모릅니다. 만약 부자 아버지나 유명한 아버지였다면 저는 목회자가 되지 않았을지도 모릅니다.

시골 목사인 아버지! 그리고 그 옆에서 평생 묵묵히 내조하신 어머니! 두 분을 마음 깊이 사랑하고 존경합니다. 우리 아버지는 시골 목사입니다. 제 가슴 속에 영원히!

심방

　바야흐로 21세기를 살아가는 현대인들! 그 어떤 시대보다도 편리함에 익숙해져 있습니다. 빨래는 세탁기가, 청소는 인공지능 청소기가, 편지는 문자나 메일, 카카오 톡이나 페이스 북으로 대체되었습니다. 이러한 디지털 시대의 조류에 역행하는 아날로그가 '신앙'이요, 그 신앙생활에 빠질 수 없는 것이 '심방'입니다.

　심방(尋訪)이란 목회자가 성도의 집을 방문하여 영육간의 형편을 살피는 돌봄의 사역이며, 말씀과 기도로 하늘의 은혜를 유통하는 축복의 사역입니다.

　어떤 목사는 교인의 사생활 침해라는 이유로 심방 무용론을 주장하기도 합니다마는 사생활만을 앞세워 심방을 등한시하는 것은 목회자의 게으른 변명에 불과할 뿐입니다. 목회는 설교나 교회행정을 잘하는 것만이 아니라 양떼의 형편을 부지런히 살피는 것입니다.

"네 양떼의 형편을 부지런히 살피며 네 소떼에 마음을 두라."(잠 27:23)

저는 심방을 통해 성도들의 사생활을 침해할 생각이 추호도 없습니다. 그리고 심방도 일방적으로 가는 것이 아니라 성도들의 자발적 요청에만 응하고 있습니다. 우리는 주 안에서 형제요, 자매라고 말합니다. 그런데 교회가 대형화되면서 담임목사는 누가 교인인지도 모릅니다. 대형교회가 필요 없다고 주장하는 것은 아닙니다. 이런 약점을 보완하기 위하여 부교역자들이 부지런히 심방을 합니다. 오늘 교회공동체 안의 문제는 바로 목회자와 성도, 성도와 성도 간의 영적 소통이 부족하다는 데 있습니다.

주님은 목회자를 세워 천하보다 귀한 영혼을 섬기고 돌보는 사역을 맡겨 주셨습니다. 그러므로 심방은 목회자와 성도가 영적인 교제와 대화로 소통하고, 온 가정이 함께 예배를 드림으로써 하나님과 소통하는 시간이며, 가정이 하늘의 신령한 복을 받는 귀한 시간입니다.

심방은 목회자가 필요에 의해서 시작한 것이 아닙니다. 우리 하나님은 '심방하시는 하나님'이십니다. 심방은 하나님께서 시작하셨습니다. 하나님께서 아담과 하와를 찾으셨고(창 3:9), 마므레 상수리나무의 아브라함을 찾아 가셨고(창 18:1), 호렙산에서 모세를 찾아 가셨으며(출 3:4), 나아가 사람의 몸을 입으시고 이 땅에 직접 오셨습니다. 영이신 하나님께서 육신을 입으시고 이 땅에 오신 '성육신'이야말로 하나님의 최고의 심방이요, 지상 최대의 심방입니다. 이 하나님의 심방을 통하여 영원한 사망에서 생명으로 옮겨지는 놀라운 은혜를 입게 된 것입니다.

최첨단 문명을 자랑하지만 사람들은 인간성의 상실과 고갈 그리고 세대 간, 계층 간 갈등이 깊어지고 있습니다. 21세기는 최첨단 문명의 시대이기도 하지만 '영성의 시대'이기도 합니다. 찬란한 현대 문명 속에서 믿음의 가정을 세우기 위하여 적어도 1년에 한 번은 목회자를 가정으로 초청하여 가족들과 함께 영적 교제를 나누며 서로 믿음의 손을 부여잡고 하나님께 예배드릴 때 하나님은 신령한 은총으로 채워 주실 것입니다.

살아남는 목회 Vs 살리는 목회

    우리는 세상 그 어느 곳도 녹록한 것이 없는 치열한 경쟁의 시대에 살고 있습니다. 그래서 우리는 경쟁에서 살아남는 것에 익숙해져 있으며, 또 경쟁에서 살아남기 위해 안간힘을 쓰고 살아갑니다.

    그 경쟁에서 교회라고 예외는 아닙니다. 신도시가 개발되면 이곳저곳에 '개척교회'가 세워집니다. 신문 속에 전단지를 넣고, 플래카드를 걸고 치열한 경쟁을 합니다. 각 블록마다 빌딩 위에는 여러 개의 십자탑이 우뚝 솟아 있습니다. 과연 '한 영혼을 살리기 위한 경쟁'인지 아니면 '우리 교회가 살고 당신의 교회가 죽어야' 하는 생존경쟁인지 모르겠습니다. 그러나 교회가 정말 죽어가는 한 영혼을 살리기 위해 존재한다면 경쟁이 아니라 서로 협력해야 하지 않을까요?

    목사로 18년 동안 사역하며 동일하게 가지는 질문

이 하나 있습니다.

"하나님! 살아남기 위한 목회를 해야 할까요? 살리는 목회를 해야 할까요?"

목회자들이 강단에서는 '먼저 그의 나라와 의를 구하면 먹을 것, 입을 것, 쓸 것을 주시는 하나님!'이라고 힘주어 설교하면서도 정작 자신은 그것을 챙기기에 급급한 모습이 낯설지 않습니다. 그래서 군종목사들의 대화에도 진급과 연금 등의 이야기가 빠지지 않습니다. 그저 부끄러울 뿐입니다!

살아남기 위하여 성도를 이용하고, 교회를 이용하고, 목회를 수단화하는 목사! 성도들은 뒤에서 힐난하지만 정작 목사 자신은 모르고 있습니다. 참으로 불행한 일입니다. 그렇게 말하고, 그렇게 행동하면 뻔히 죽을 줄 알지만 그것이 성도를 살리는 길이라면 그 길을 마다하지 않는 목사! 그 목사를 하나님이 찾고 계시지 않을까요? 목자를 위해 죽는 양은 없지만 양을 위해 맹수와 싸우다 부상당하고 목숨까지 잃는 목자는 있습니다.

저도 어떻게 해야 목회 현장에서 살아남을 수 있는지 모르는 것은 아니지만 저의 뜨거운 소망은 '내가 죽고 성도를 살리는 목회'를 하고 싶다는 것입니다.

"내가 그리스도와 함께 십자가에 못 박혔나니 그런

즉 이제는 내가 산 것이 아니요 오직 내 안에 그리스도 예수께서 사신 것이라!"

"내가 매일 죽노라!"

이런 사도 바울의 고백이 부럽습니다. 이 고백을 저도 하고 싶습니다!

"주님, 저를 살리셨으니 저 또한 성도를 살리는 목사로 살겠습니다."

인생 표지판

2차 세계대전 때의 일입니다. 연합군의 반격을 저지하던 독일군이 연합군의 반격을 엉뚱한 곳으로 돌리기 위하여 계획을 세웠습니다. 유창한 영어를 사용하는 독일군을 선발하여 미군 헌병으로 위장한 후 연합군들이 가야 하는 곳과는 다른 방향으로 안내 표지판을 돌려놓았습니다. 그곳을 지나가는 미군은 지도의 표시와 그곳에 서 있는 안내 표지판과 달라서 헌병들에게 자신들이 가는 방향이 맞는지 물어보았습니다. 헌병들은 분명히 맞는다고 대답을 했고 미군은 아무런 의심 없이 그 방향으로 갔습니다. 얼마 뒤 자신들의 방향이 잘못되었고 속았다는 것을 깨달았지만 이미 작전에 많은 피해를 보고 난 뒤였습니다.

금요일 밤늦게 처조카를 논산까지 데려다 주고 대전으로 오는 길에 도로에 붙어 있는 각종 이정표들을 보면서 참 고마운 마음이 들었습니다. 이 표지판이 없다면 그리고 신호등이 없다면 얼마나 많은 사람이 불편을 겪어야 할까요? 교통 표지판을 따라가면 어느덧 목적지에 이를 수 있게 됩니다.

하나님께서는 우리를 사랑하는 표지판을 주셨습니다. 그것은 하나님의 말씀인 '성경'입니다. 성경은 하나님께로 인도하는 천국 지도요, 안내 표지판이요, 신호등입니다. 그리스도인은 말씀을 따라 사는 사람입니다. 광야에서 구름기둥과 불기둥을 통해 멈추어야 할 때와 가야 할 때를 알려 주었듯이 오늘 우리의 삶을 인도하는 것은 하나님의 말씀입니다. 수없이 많은 인생들이 광야에서 방황하는 것은 표지판을 발견하지 못했기 때문이요, 표지판을 발견했음에도 불구하고 믿지 않기 때문입니다.

내 인생의 표지판은 무엇입니까?

고구마 목사

토요일 새벽기도를 하러 목양실에 가니 따뜻한 고구마와 음료가 놓여 있었습니다. 누가 갖다 놓았는지 짐작이 갑니다. 게다가 식지 말라고 호일로 감싸 놓은 정성이라니…….

새벽에 만난 고구마는 처음입니다. 고구마! 그것도 내가 제일 좋아하는 호박고구마! 냉큼 하나 집어서 급하게 먹고 새벽기도를 인도하였습니다. 그리고 아침 식사도 고구마로 해결했습니다.

토요일 아침 11시! 한 집사님이 또 고구마 한 접시를 들고 왔습니다. 주일 점심 준비를 하는 4구역에서 구역장 집사님이 고구마를 가져왔는데 주방에서 냄비에 구웠다는 것입니다. 어쨌든 오늘은 고구마 사랑을 새벽부터 받았습니다. 구수한 군고구마를 하나 집어 드니 군데군데 구멍이 뚫려 있습니다. 고구마가 잘 익으라고 젓가락으로 푹! 푹! 찌른 것입니다.

　　고구마 먹다 문득 깨달았습니다! '고구마가 익혀지기 위해서는 냄비 안에서 수증기로 삶아져야 하는 것처럼 우리의 영혼도 하나님 앞에 익혀지기(성숙) 위해서는 교회라는 냄비 안에서 성령의 수증기로 삶아져야 하는 것임을! 생고구마가 잘 익도록 젓가락으로 구멍을 내야 하는 것처럼 구수한 맛이 나는 삶을 위해서는 하나님의 말씀의 젓가락으로 나의 영혼에 부지런히 구멍을 내야 하는 것임을!'

예원이를 위해서!

목회를 하면서 기쁜 일도 있지만 참으로 가슴 아픈 일도 만나게 됩니다. 토요일 오전, 아내와 이 집사님이 산후 조리를 하고 있는 명일동 아파트로 향했습니다. 문에 들어서니 예쁜 아기가(예원) 눈에 들어 왔습니다.

아기(예원)를 보는 순간 예쁘기도 했지만 한편으로는 가슴도 아팠습니다. 입술 위로 벌어진 자국 때문입니다. 예원이는 태어나자마자 코에 뼈가 차서 호흡이 곤란하여 뼈를 뚫는 수술을 했습니다. 그래서 엄마 젖을 쉽게 빨지 못합니다. 분유를 줄 때도 엄마 손으로 그 벌어진 입술을 오므려 주어야 바람이 새지 않아 먹을 수 있습니다. 게다가 청력도 거의 없어 소리에 반응을 하지 못하고 심장에도 작은 구멍이 난 상태였습니다.

엄마, 아빠의 마음이 얼마나 아플까요? 앞으로도 얼마나 더 많이 아파해야 할까요? 예원이의 머리에 손을 얹

어 간절히 축복하고 문을 나섰습니다. 바라기는 예원이가
엄마, 아빠와 함께 활짝 웃는 모습을 보고 싶습니다.

하늘로 간 아이!

비전 캠프를 마치는 날부터 몸살이 왔습니다. 토요
일 새벽기도도 나가지 못한 채 집에서 쉬고 있었습니다.
오후 1시가 지나서 한 통의 전화가 왔습니다.
"목사님! 예원이가 숨을 안 쉬어요!"
"집사님 그게 무슨 말입니까?"
"예원이가 집 밖에서 놀다 택배 트럭에 치였어요!"
저녁 6시쯤에야 일산의 명지병원 영안실에 도착했
습니다. 영안실 3호에는 해맑은 예원이의 사진이 놓여
있었고 아빠는 연신 눈물을 쏟아 내고 있었습니다. 예원
이 엄마는 제 아내를 보자마자 부둥켜 안고 울었습니다.
저희 내외도 함께 울었습니다. 2003년 정보통신학교
봉화교회 사역시절 예원이 엄마 이 집사님이 상담을 요
청했습니다. 이유는 임신한 아이가 검사 결과 정상이 아
니라는 것이었습니다. 아이를 낳아야 하는지 아니면 지
워야 하는지 …….

태중의 아이가 이상하다는 결과를 알고 쉽게 출산할 수 없었을 것입니다. 이 가정에는 이미 첫째 '순우'가 있었고 태중의 아이는 둘째였습니다. 그래서 제가 물었습니다.

"뱃속 아이의 태동이 느껴지지요?"

"네!"

"그 생명을 강제로 끊을 수 있겠습니까? 정상이면 내 아이고, 비정상이면 내 아이가 아닐까요? 지금 생명도 하나님께서 주신 생명입니다. 집사님께서 감당할 만하니 보내 주신 것이라 믿습니다."

그 후, '예원 - 예수님의 소원'이가 태어났습니다. 윗입술이 갈라져서 젖을 먹일 때마다 엄마가 윗입술을 모아 주어야 했지만 무럭무럭 자라나서 윗입술을 봉합하는 수술도 받았습니다.

고군반을 마치고 권 집사님과 저는 서로 다른 부대로 옮겨 가게 되었고, 3년 동안 연락을 하지 못했습니다. 한 달 전에 연락을 주고받게 되었고 조만간 '예원'이를 데리고 오겠다고 약속까지 했는데 …….

저도 어떻게 자랐는지 참으로 궁금했는데 이렇게 영정으로 예원이를 만나는 것은 상상도 하지 못한 일이었습니다. 저는 예원이 엄마와 아빠에게 아무 말도 하지 못했습니다. 그저 꼭 안아주었습니다. 무슨 말로 위로가 되겠습니까?

해 아래 일어나는 일들을 어찌 작은 머리로 헤아릴 수 있겠습니까?

"주님! 주님도 마음이 아프시지요! 물론 예원이를 주님 품에 안고 계실 줄 믿습니다. 그리고 엄마, 아빠의 눈물을 닦아 주시고 상하고 찢겨진 마음을 어루만져 주옵소서!"

아이가 스승입니다

화요일 오전 교단 군목수련회를 출발하기에 앞서 핸들을 잡고 기도를 했습니다. 그리고 금요일 오후 늦게 집에 돌아왔습니다. 너무 피곤해서 잠자리에 들려고 하는데 아이들의 소리가 들려왔습니다.

"아빠는 갈 때는 기도하고 왜 갔다 와서는 기도 안 해?"

순간 망치로 한 대 얻어맞은 듯한 느낌이었습니다. 화끈거리는 얼굴로 방에 들어가서 기도하자고 했더니 벌써 자기들끼리 기도를 끝냈다는 것입니다. 멋쩍은 얼굴로 말했습니다.

"그래! 잘했다. 기특하구나! 잘 자거라! 너희들이 아빠보다 낫다! 너희들이 나의 목사다!"

기도로 출발해 놓고 정작 돌아와서는 까맣게 감사의 기도를 잊어버린 나의 이기적이고 연약한 모습을 보

았습니다. 하나님은 아이들을 통해 제게 말씀해 주셨습
니다.

　'주님! 귀한 아이들 주셔서 감사합니다. 주님! 깨우
쳐 주셔서 감사합니다!'

1년을 10년처럼!

　　2년씩 사역한 후, 다른 부대와 교회를 향해 떠나는 것은 군 목회에서 가장 힘들고 어려운 부분입니다. 정들면 떠나야 하고, 일을 할 만하면 떠나야 합니다. 그래서 군 목회를 하려면 떠나는 것에 익숙해져야 합니다. 그런데 17년을 사역하고 있지만 여전히 낯설고 힘이 듭니다. 그것은 군 교회 성도들도 마찬가지입니다. 어떤 성도님이 말했습니다.

　　"목사님! 정을 안 줄랍니다. 정 주고 나면 얼마 후 떠나니 여기 있는 우리만 늘 손해봅니다!"

　　그렇게 말하는 교우의 심정이 십분 이해가 갑니다. 그러나 목회를 하다 떠나는 목사의 마음은 그 이상입니다. 사랑하는 성도와 헤어지고 또 다른 임지를 향해 가는 것은 고통 그 자체입니다.

　　지난 교회에 처음 부임해서 갔을 때 성도들이 저를

보고 첫 번째로 물어온 질문이 바로 "목사님 언제 가세요?"라는 질문이었습니다.

갓 부임하는 목사에게 던진 말이 바로 "언제 가느냐?"는 질문이었습니다. 그 질문 속에는 스쳐지나가는 만남은 더 이상 하고 싶지 않다는 마음이 배어 있었습니다.

"1년을 10년처럼, 2년을 20년처럼 사랑하면 어떨까요?"

시간을 양(量)으로 살지 말고 질(質)로 살자는 것입니다. 보통 2년간의 짧은 군 목회 기간이지만 짧지 않게 목회할 수 있는 비결은 '깊이깊이 서로 사랑하는 것'입니다. 훈련장의 1시간과 데이트하는 1시간의 질적 느낌이 다르듯이 사람은 시간을 양으로 살지 않고 질로 사는 존재입니다. 군 교회 성도들이나 군종목사님들이 이런 마음으로 사역한다면 우리에게 어쩔 수 없이 주어진 만남과 헤어짐의 반복을 믿음 안에서 수용하며 사명을 감당할 수 있지 않겠습니까?

토요일 아침! 한 가정이 이사예배를 했습니다.

'하나님은 너를 지키시는 자 너의 우편에 그늘 되시니 … (중략) … 그가 너를 지키시리라 너의 출입을 지키시리라 ♩ ♫ ♬'

집사님들의 눈시울이 붉어졌습니다. 서로 사랑한 만큼 울었습니다. 떠나는 집사님을 축복해 주시는 집사님들! 이처럼 행복한 이사와 행복한 만남, 행복한 헤어짐이 어디 있을까요?

잦은 만남과 헤어짐 속에 아쉬움도 많겠지만 1년을 10년처럼, 2년을 20년처럼 사랑하며 산다면 군인교회도 매력 있지 않을까요?

'1년을 10년처럼, 2년을 20년처럼!'

목소리를 돌려주세요!

지난 주 찬양예배를 끝으로 제 목이 드디어 맛이(?) 갔습니다. 이비인후과에 가니 '성대결절 초기'라는 진단이 나왔습니다. 지금부터 잘 치료하지 않으면 전신마취를 하고 수술을 해야 한다고 합니다. 의사 선생님이 묻기를 '노래방에 자주 가서 노래를 많이 했느냐?'고 묻기에 그냥 "예"라고 대답했습니다.

사실 제가 노래방 자주 가거든요! '찬양노래방!' 특히 찬양예배 때는 이렇게 찬양을 하다 죽어도 좋겠다는 깊은 감동을 받습니다.

"주님 다시 오실 때까지 나는 이 길을 가리라! ♬"

힘 있게 부르다 목이 그냥 터져 버렸습니다.

군종목사는 설교할 기회가 너무 많습니다. 새벽 설교, 수요 설교, 주일 오전과 저녁 설교, 여전도회 설교, 권사회 설교, 구역연합회 설교, 심방 설교 등등. 설교를 준비할 시간도 부족하거니와 성대가 혹사를 당합니다.

논산 육군훈련소에서 사역할 때는(2001. 7 ~ 2003. 7) 일주일에 반드시 '세 번'씩 갓 입대한 병사들을 대상으로 전도 집회를 했습니다. 그야말로 생짜배기 신병들이 교회에 오면 저는 거의 미친 사람처럼 찬양하고 설교를 했습니다. 그때는 매일 목에 '00산'이란 가루약을 부으면서 집회를 했습니다. 한 번 집회 때마다 거의 1시간 30분 이상을 원맨쇼(?)하듯 목 바쳐(?) 복음을 전했습니다. 목 바치고, 몸 바쳐서 집회를 인도하면 어느새 신병들의 마음의 문이 서서히 열리고 그 문틈으로 복음이 스며들어감을 느낄 수 있었으며, 그것은 말할 수 없는 큰 기쁨이었습니다. 그렇게 2년 동안 목을 바쳐 복음을 전하는 동안 목은 상할 대로 상했습니다.

이제 제 목이 한계점에 이르렀나 봅니다. 이비인후과 치료를 받고 있지만 무엇보다도 '여호와 라파', 치료의 하나님께서 제 목을 만져 주셔서 목소리를 돌려주시기를 기도합니다.

"목 바쳐 한 생명이라도 더 구원할 수 있다면 제 목이 좀 상한들 어떻겠습니까?"

두 사람의 길

　　금요일 특수전 학교로 향했습니다. 차 안에는 아내와 금 집사님과 금 집사님의 시어머님이 탔습니다. 오늘은 전 집사님이 6개월의 자이툰 파병을 마치고 돌아오는 날입니다. 남편을 맞이하기 위하여 예쁘게 차려입은 금 집사님의 모습이 아름답습니다. 아들을 그리는 어머니의 얼굴은 다소 상기된 모습이었습니다.

　　꼭 1년 전 일이 생각났습니다. 그때도 우리 교회 O 집사님의 아들이 자이툰 근무를 마치고 귀국한다고 하여 마중 나갔습니다. 그러나 그 군인은 우리 교회에 꼭 한 번 나온 후 바로 자취를 감추고 말았습니다. 그 군인은 낭비벽이 심했으며 결국 자신을 위해 헌신적으로 뒷바라지한 양어머니와 호적을 정리하였고, 그 양어머니는 충격과 아픔으로 딸이 사는 대전으로 내려가셨습니다.

　　전 집사님과 OO분은 여러모로 비슷합니다. 나이,

군인, 계급, 파병 생활, 그리고 똑같이 제가 마중하러 갔습니다. 그러나 한 분은 이내 세상의 길로 가서 아직까지 돌아오지 않고 있고, 한 분은 다시 우리 교회로 돌아왔습니다.

거의 비슷한 환경 가운데 두 사람의 길이 어쩌면 이리 다를까요? 그것은 바로 자신의 선택 때문입니다. 자신의 인생길을 선택하는 것은 오직 자신뿐입니다. 어떤 길을 선택하느냐는 자유입니다.

그러나 그 선택의 자유에 대한 결과는 결코 다시 자유롭게 선택할 수 없습니다. 분명한 것은 내가 선택한 인생에 대한 책임도 내가 진다는 것입니다.

오늘 내가 가는 길은 과연 생명의 길인지, 사망의 길인지 뒤돌아봅니다. 당신은 오늘 어느 길을 선택하여 가고 있습니까?

禁 Coffee!

　　사순절 기간 동안 무엇으로 주님의 고난에 동참하며 십자가를 묵상할 수 있을지 생각하다 제가 좋아하는 것 중 하나인 커피를 끊기로 결정했습니다. 유혹은 누구에게나 쉽지 않듯이 식사 후 옆에서 나는 향긋한 커피 냄새는 제 코를 자극하고 육신을 사정없이 자극했습니다. 순간 내 몸에서는 커피에 대하여 민감하게 반응하면서 아무도 안 볼 때 먹으면 어떨까 하는 생각도 들었습니다. 성경공부하다 교우들에게 커피를 끊은 것을 말했기에 커피를 마실 수도 없고…….

　　어쨌든 커피를 금하면서 다시 한 번 육신을 쳐서 복종시키는 것이 얼마나 어려운지 그리고 '절제'라는 것이 얼마나 어려운지 다시 한 번 깨달았습니다. 금(禁) 커피를 하면서 담배를 끊기 어려워하시는 분들의 고충도 이해할 수 있는 기회가 되었습니다.

저의 커피 역사는 대학시절 구내 자판기 커피부터 시작해서 군대의 믹스커피로 절정을 이루었습니다. 부대 어디를 방문하든지 흔하게 대접받는 것이 커피였고, 장병들을 위문하러 심야에 올라갈 때도 단연 커피는 빠지지 않는 기호품이었습니다. 그렇게 철책에 위문하러 올라간 날에는 오히려 가는 소초마다 커피로 위문을 받았습니다. 그들의 정성을 물리칠 수 없어 내놓은 커피를 받아 마시면 하루에 5잔, 6잔이 되었습니다. 그리고 저도 모르는 사이 카페인에 인(印)이 박혀 '카페인 중독자'가 된 것입니다. 그러니까 20년이 훨씬 넘게 저는 '카페인 중독자'로 살고 있는 것입니다. 사순절 기간에 금(禁)커피를 하면서 예수님의 십자가와 부활을 묵상합니다.

"내가 내 몸을 쳐 복종하게 함은 내가 남에게 전파한 후에 자신이 도리어 버림을 당할까 두려워함이로다."
(고전 9:27)

십자가선교회

　　지난 주 '십자가선교회' 회원들이 오셔서 고장 난 십자가를 수리해 주셨습니다. 거의 한 달 넘게 백마교회 십자가는 빛을 잃어버렸습니다.

　　대전의 작은 교회에서 시무하시는 이 장로님과 일꾼 두 분이 오셔서 십자가 네온을 수리해 주셨습니다. '십자가선교회'는 전국의 작은 교회, 미자립교회, 군교회 등을 대상으로 무료로 십자가를 세워 주고, 또 보수하는 일을 하고 있습니다. 어떻게 그렇게 귀한 일을 할 수 있는지 사뭇 궁금했습니다. 사연인즉 이 장로님이 시무하는 교회 담임목사님의 의지로 교회 예산을 세워서 이 일을 한다는 것입니다.

　　어쨌든 군 사역을 하면서 '십자가선교회' 덕을 가는 곳곳마다 참으로 많이 봅니다. 하얀 머리에 연세도 많으신 장로님께서 어디서 그런 열정과 힘이 나오는지요! 장로님과 말씀을 나눌 때마다 느껴지는 겸손함에는 저절로 머리가 숙여집니다. 같이 온 인부 중 한 분은 뜻밖에 대전에서 개척교회를 하시는 목사님이셨습니다. 몇 마디 대화를 나누는 동안 개척교회 목사의 어려움이 전이되어 왔습니다.

'아! 얼마나 목회하기 어려울까? 멋지게 세워진 교회가 가는 곳곳마다 흔한 시대에 누가 작은 개척교회로 발걸음을 옮길까? 목사님이야 사명 받아서 괜찮다고 해도 사모님과 두 아이가 얼마나 고생이 많을까?'

착잡한 마음에 작은 봉투를 하나 드렸습니다. 봉투에 이렇게 썼습니다.

'목사님 수고에 감사합니다! 사모님, 아이들하고 식사 한 끼 하세요!'

'십자가선교회'가 돌아간 후 교회 십자가는 어둠을 환하게 비추었습니다.

4월에는 행복합니다

해마다 4월이 되면 참으로 행복합니다. 예수님 때문에 행복합니다. 성도들 때문에 행복합니다. 아내와 자녀들 때문에 행복합니다. 12일은 부활주일, 13일은 목사로 임직한 지 15주년(1994년), 17일은 우리 부부의 결혼 16주년(1993년)입니다.

부활주일은 먼저 저의 '영(靈)'이 새롭게 된 날이요, 목사로 임직한 날은 복음의 일꾼으로 '사명'을 받은 날이요, 결혼일은 평생의 반려자이자 동역자를 만나 함께 삶을 시작한 날이니 어느 날 하나 버릴 것이 없는 날인 것입니다.

그래서 4월은 제 인생에서 참으로 풍요로운 달입니다. 만약 부활하신 주님이 없다면, 목사의 직분을 받지 않았다면, 아내를 만나지 못했다면 저는 아무것도 아닐 것입니다.

생각해 보면 하나님께서는 별 볼 일 없는 인생을 불러 쓸모 있게 하시고, 더 나아가 그 귀한 복음을 맡겨 주셨습니다. 그리고 좋은 동역자요, 친구로 아내도 붙여 주셨습니다. 부족한 목사인데 좋은 성도들을 동역자로 붙여 주셔서 주님의 몸된 교회를 섬기게 해 주셨습니다.

그러고 보니 주님은 저의 행복의 근원이요, 교회는 '하늘나라 행복주식회사'입니다. 예수님은 CEO요, 저는 하늘의 행복을 배달하는 택배기사입니다.

날마다 하늘의 행복을 성도님들에게 부지런히 그리고 열심히 전달하여 성도들의 가정이 하늘행복으로 충만해졌으면 좋겠습니다.

처음 주례했습니다

목사로 임직한 지 15년! 결혼한 지 16년 만에 처음 주례를 섰습니다.

신랑은 상준 형제와 지혜 자매!

상준 형제는 S대 건축학과 재학 중 2003년 5월 육군훈련소에 입대하였고, 제가 전한 복음을 듣고 주님을 영접하고 진중세례를 받았습니다.

2003년 7월 말 육군정보통신학교 봉화교회로 부임해 갔을 때 상준 형제는 먼저 통신학교 교회로 나왔고, 일병이 되었을 때 '예찬사(예수님을 찬양하는 사람들)' 드러머로 사역했습니다. 그 찬양단 가운데 대학 1년생 지혜 자매와 교제를 시작하여 6년의 교제 끝에 드디어 결혼을 하게 된 것입니다.

지혜 아버지 심 집사로부터 주례를 부탁 받고 군 사역 가운데 이런 일도 있음에 감사했습니다. 아무튼 목사로서 첫 번째 결혼 주례를 하게 되니 조금은 긴장도 되었지만 은혜 가운데 무사히 주례를 마쳤습니다.

그동안 늘 군 선교는 씨만 뿌리는 사역으로 생각했는데 이처럼 좋은 열매도 맛보게 되니 행복했습니다. 돌아오는 차 안에서 문득 이런 생각이 들었습니다.

'한 번 주례로 끝나는 것이 아니라 저들 신혼부부를 위해서 아름다운 믿음의 가정이 되도록 기도해 주어야 하는 것이 주례자의 영적 책임이 아니겠는가?'

이런 생각을 하니 갑자기 어깨가 무거워집니다.

'주례를 괜히 했나?'

어! 시원하다!

화요일 오전, 어머니께서 서울 보훈병원에 입원하셨습니다. 디스크로 인해 그동안 많은 고생을 하셨는데 육신의 한계점에 이른 것 같아 종합 검진 후 수술을 받을 계획으로 입원하신 것입니다. 어디 허리뿐이겠습니까?

무릎 연골은 이미 다 닳아서 사라져 버렸고 지금은 무릎 뼈와 뼈가 직접 부딪치는 상태이니 그 고통이야 이루 말할 수 없겠지만 하나님의 특별하신 은혜로 통증을 더 이상 느끼지 않는다고 합니다.

종합검진 결과 27일(월)에 수술을 하기로 결정하였습니다. 어머니의 수술 때문에 아버지께서 일산 우리 집으로 오셨습니다. 시골에 계시면 식사를 챙겨줄 사람도 없거니와 수술한 어머니 때문에 마음이 편하지 못하실 것입니다.

토요일 오전! 아버지를 모시고 목욕탕에 갔습니다.

그러고 보니 꽤 오랫동안 아버지와 목욕을 하지 못했습니다. 제가 어렸을 때에는 아버지 손을 잡고 읍내 목욕탕까지 목욕하러 다녔고, 더 어렸을 때는 집에서 큰 고무 통에 뜨거운 물을 붓고 어머니께서 직접 목욕을 시켜 주셨습니다.

세월이 흘러 아들은 장성한 어른이 되었지만 아버지는 스스로 목욕하기에도 힘에 부친 노년이 되었습니다. 주글주글한 피부! 그리고 한없이 가늘어진 다리를 보니 가슴이 저려왔습니다. 아버지의 몸 구석구석을 정성을 다해 씻겨 드렸습니다.

목욕이 끝난 후 아버지가 한 말씀 하셨습니다.

"어! 시원하다!"

늘 시원하게 해 드리고 살아야 하는데……. 그렇게 못함이 부끄럽고 죄송할 뿐입니다! 앞으로 몇 번이나 그 소리를 들을 수 있을까요?

목사가 된 군종병

군종목사로 사역하면서 함께 동역했던 군종병들 가운데 꽤 많은 형제들이 신학을 마치고 목사가 되었습니다. 그 가운데 유독 지속적으로 연락하는 군종 출신 목사님이 있습니다.

1996년 10월 제5보병사단 제27보병연대에 '연대 군종병'으로 보직 받은 경민 형제! 자대배치 후 전역까지 시킨 유일한 군종병입니다. 그것은 제가 연대에 만 3년간 근무했기 때문에 가능한 일이었습니다. 민 군종은 숭실대 재학 중 입대했으며 아버지는 제주도에서 목회 중이셨습니다. 어느덧 세월이 흘러 민 군종은 신학을 마치고, 전도사를 거쳐 목사가 되었습니다. 서울의 한 교회에서 부교역자 사역을 하던 민 목사는 아버님이 갑자기 소천하시는 바람에 교인들의 요청으로 담임목회를 하게 되었습니다. 그 민 목사님이 2009년 제주 탐라교회의 전교인 여름수양회에 강사로 저를 초청하였습니다. 참으로 감격스러웠습니다. 조금이라도 민 목사님 목회에 도움이 되고 싶은 마음에 열심히 말씀을 전했습니다. 많은 성도들이 귀한 감동과 은혜를 받았다며 고마움을 표해 왔습니다. 제주도 도착부터 떠나는 순간까지 민 목사의 친절하고 따뜻한 배려 속에 지내다 왔습니다.

"사람이 무엇으로 심든지 심은 대로 거둔다."는 말씀이 새삼스럽게 은혜로 다가왔습니다.

군대 목회는 씨 뿌리는 목회입니다. 때로 하나님께서는 그 씨앗이 성장하는 모습을 통해서 군 목회가 결코 헛되지 않음을 확인시켜 주셨습니다.

2011년 1월에 아프간에서 귀국한 후, 다시 민 목사님에게서 연락이 왔습니다. 창립 30주년 제직세미나를 인도해 달라고! 이틀에 걸친 집회를 끝내고 돌아오는데 강사료를 건넵니다. 강사료를 받은 후 다시 민 목사님께 헌금으로 드렸습니다!

"목사님! 비행기 여비밖에 안 되는데……."

"민 목사! 그것도 내가 헌신하는 것이야! 좀 멋있어 보이려고 그래!"

돌아오는 발걸음이 행복했습니다.

잊을 수 없는 집사님

어느 수요일 오전, 휴대폰이 울렸습니다.

"장 목사님! 맞으시죠?"

"네, 맞습니다. 누구십니까?"

"네, 저는 김OO 집사입니다"

대답을 듣는 순간 제 입에서 탄성이 절로 나왔습니다."

"와! 집사님~~~~~"

실로 얼마 만의 통화인지 모릅니다. 1997년 서울의 한 제과점에서 차를 한 잔 마신 후 13년 만의 일입니다. 그리고 목요일 김 집사님이 방문하시고 저희 집에서 하루를 유숙하게 되었습니다. 그동안의 삶을 나누느라 새벽 3시 가까이 이야기를 나누었습니다. 1992년 중등부 전도사로 사역을 할 때 중등부 교사로 만난 분이 바로 김 집사님이었습니다. 어찌나 열심히 헌신하시는지 늘 본이 되는 분이었고, 성경 속의 마르다나 마리아를 만나는 느낌이 드는 분이었습니다.

　김 집사님은 1993년 결혼을 앞둔 제게 단칸방 보증금을 마련해 주셨습니다. 그렇게 저의 신혼은 김 집사님의 귀한 사랑으로 시작되었습니다. 후일에 그것을 갚았지만 김 집사님은 그 돈은 그때 이미 하나님께 드린 것이라며 군인교회 건축헌금으로 다시 바치셨습니다.

　분주한 사역으로 연락이 뜸해진 사이, 김 집사님은 캐나다로 이민을 떠났고, 그 후 연락할 길이 없었습니다. 그럼에도 언젠가는 만날 날이 있을 것이라 생각하며 때때로 중보기도도 하였지만 이렇게 연락이 올 줄은 몰랐습니다. 이틀간의 짧은 만남도 감사했지만 김 집사님의 개인적인 문제를 목요일 새벽기도를 통하여 응답 받았다고 하니 더욱 감사가 넘쳤습니다. 아쉬운 만남을 뒤로 하고 김 집사님은 캐나다로 돌아가셨습니다. 목회하면서 귀하고 아름다운 만남을 많이 경험합니다. 평생 잊지 못할 동역자들도 많습니다.

　"일일이 열거할 수 없을 정도로 수많은 집사님! 권사님! 장로님! 참으로 고맙습니다!"

약속

　　3년 전에 둘째 세론이와 야구장에 가기로 약속했습니다. 그런데 어찌하다 보니 그 약속을 지키지 못했습니다. 그것이 늘 저에게는 숙제였습니다. 그런데 지난 목요일에 그 약속을 이행하라고 세론이가 강력히 요구하는 바람에 할 수 없이 그렇게 하기로 또 약속을 하였습니다. 약속을 이행하기 위하여 또 약속을 하는 우스운 일이 발생한 것입니다.

　　그런데 지난 한 주간 얼마나 일이 많고 바쁜지……. 그래도 목요일 저녁에 3년을 미룬 약속을 지키기 위해서 아들과 함께 잠실야구장을 찾았습니다. 일에 지쳐 피곤했지만 약속을 지킬 수밖에 없었던 것은 그 약속의 대상자가 바로 사랑하는 아들이었기 때문입니다.

　　엉뚱하게도 야구장에서 아들을 바라보며 하나님의 약속을 묵상했습니다. 세상 끝 날까지 함께하시겠다는 약속! 다시 오시겠다는 약속!

주님께서 약속하신 후 2천 년의 시간이 흘렀지만 그 약속은 여전히 유효한 약속이라고 믿습니다. 왜냐하면 주님께서 직접 하신 약속이기 때문입니다.

신앙이란 바로 주님의 약속을 믿고 기다리는 삶이 아니겠습니까? 오늘 당신은 어떤 약속을 기다리고 있습니까?

약한 나로 강하게

'약한 나로 강하게 가난한 날 부하게
눈 먼 날 볼 수 있게 주 내게 행하셨네

제가 좋아하는 찬송입니다!

2005년 사순절 기간! 이 찬양을 처음으로 들은 날! 찬양의 은혜에 엄청난 충격을 받으며 목양실에서 CD를 반복해서 하루 종일 들으며 얼마나 울었는지 모릅니다. 만약 CCTV를 설치해 놓았다고 하면 이해할 수 없는 장면이 되었을 것입니다.

지난 목요일 오후부터 몸에 이상 조짐이 보이더니 저녁 무렵에는 몸에 열이 나고 기침도 약간 나기 시작했습니다. 반갑지 않은 감기가 온 것입니다. 혹시나 요즘 유행하는 '신종플루'가 아닐까 내심 걱정도 했지만 열을 체크해 보니 신종플루를 의심할 정도는 아니었습니다.

금요일 강 안 철책 소초 방문도 취소하였고, 금요 다락방 기도회도 인도하지 못했고, 새벽기도회도 인도하지 못했습니다. 조금 전까지 팔팔했던 모든 근육에 힘이 빠졌습니다. 모든 것이 귀찮아졌습니다. 내심 걱정은 "주일 전까지는 회복되어야 할 텐데 ……. 그래야 주일 강단에 설 텐데…….” 하는 것이었습니다.

금요 다락방 기도회를 다녀온 아내가 말해 주었습니다.

"당신 위해서 성도님들이 뜨겁게 기도했어!"

성도님들의 걱정과 기도 속에 이 글을 쓰는 토요일 오후에는 몸이 많이 좋아졌습니다.

목사가 아파 보는 것도 나쁘지 않습니다. 그래야 성도들의 육신의 아픔을 조금이라도 더 이해할 수 있을 테니까요! 목사가 가난한 것도 나쁘지 않습니다. 그래야 가난한 성도들의 삶을 함께 나누려고 할 테니까요! 목사가 가끔씩 눈 먼 것도 나쁘지 않습니다. 그래야 눈 먼 자들의 고통을 이해할 수 있을 테니까요! 그 약함, 그 가난함, 그 눈이 먼 가운데 오늘도 하나님의 은혜를 갈망합니다.

‘약한 나로 강하게! 가난한 날 부하게! 눈 먼 날 볼 수 있게 주 내게 행하셨네! ♬’

손을 잡아 주세요!

겨우내 천식으로 힘들어 하시는 아버지를 노회가 끝난 후 일산 집으로 모시고 올라왔습니다. 세월을 이기는 장사가 없듯이 그렇게 카랑카랑 힘이 넘치게 하나님 말씀을 전하시던 분이 이제는 기력이 쇠한 모습입니다.

고속도로 휴게실을 오르내리며 아버지의 손을 잡아 드렸습니다. 엷어진 손등의 피부가 느껴집니다. 아들 손을 쥐긴 했지만 힘이 없습니다. 순간 마음이 찡하니 아파옵니다. 어릴 때 저는 아버지 손을 자주 붙잡았습니다. 생존을 위해서 본능적으로 잡았습니다.

그러나 자라나면서 어느 순간부터 아버지의 손을 놓았습니다. 학교 다닐 때, 아버지의 손을 잡는 것은 어린 아이나 잡는 것이니 창피한 일로 여겨 잡아 본 일이 없습니다. 그리고 이제는 더 이상 아버지의 손에 힘을 빌리지 않고도 살 수 있는 자생력을 갖추었기 때문입니다. 그렇다고 하여 아버지께서 자신의 손을 잡아 달라고 하신 것도 아닙니다. 살며시 손을 잡고 걸음을 인도하니 좋아하는 눈치십니다. 이제는 세월이 손을 잡아 주는 이를 아버지에게서 아들로 옮겨 놓았습니다.

아직은 아버지의 손을 잡아 드릴 수 있도록 아버지가 살아 계심에 감사합니다. 그리고 오래오래 아버지의 손을 잡아 드리고 싶습니다.

백마교회를 떠나며

'만남'은 행복하지만 '떠남'은 쓸쓸함으로 다가옵니다. 그러나 백마교회를 떠나면서 저는 쓸쓸하지도 외롭지도 않습니다. 왜냐하면 함께한 모든 날들이 행복했고, 또 제 가슴속에 깊이 아로새겨져 있는 '사랑'이 있기 때문입니다. 매 주일 '말씀'을 듣고, '목양칼럼'을 읽고 '반응'하는 성도님들 때문에 '영적 소통'의 즐거움을 느꼈습니다.

처음 부임했을 때 짧은 군 목회 기간이라는 한계를 극복하기 위하여 "1년을 10년처럼, 2년을 20년처럼!"을 외쳤습니다. 아프간 파병으로 인해 헤어짐의 시간이 좀 더 당겨졌음에 송구한 마음 금할 길이 없습니다. 백마교회 담임목사로 사역한 지 1년 6개월! 그 사역 가운데 열정으로 동참해 준 백마 교우들이 자랑스럽습니다. 그리고 사랑합니다.

바울 사도가 밀레도에서 사람을 에베소로 보내어 교회 장로들을 청한 후 고별 설교하는 장면이 떠올랐습니다(행 20:17 이하). 바울이 하나님의 말씀을 다 전한 후 무릎을 꿇고, 에베소교회 장로들과 함께 기도하고 다 크게 울며 바울의 목을 안고 입을 맞추었습니다. 바울 사도와 에베소교회 장로들은 너무너무 사랑해서 헤어질 때 통곡했던 것입니다. 비록 짧은 담임목회 기간이지만 군종목사님들이 바울 같고 군 교회 성도님들이 에베소교회의 장로와 같기를 소망한다면 욕심일까요?

"예배에서 승리하면 삶에서 승리하고, 예배에서 실패하면 삶에서 실패한다!"

"찬양의 기쁨, 기도의 능력, 말씀의 은혜, 헌신의 열매, 섬김의 행복, 순종의 축복, 개척의 영광, 영적 전투의 승리!"

a Letter Vs SNS

"가을엔 편지를 하겠어요! 누구라도 그대가 되어 받아 주세요! 낙엽이 쌓이는 날 ……♬♪"

요즘 아이들은 '편지'를 아는지 모르겠습니다. 아마도 부모님 세대의 고루한 소통 수단 정도로 알고 있을지 모릅니다. 거실 서랍에는 대학 다닐 때 아내와 주고받은 많은 편지들이 아직도 보관되어 있습니다. 그 편지 속에는 우리 부부가 함께 나눈 시간과 사랑! 그리고 삶의 추억이 고스란히 녹아 있습니다.

그러고 보니 편지를 써 본 것이 참으로 오래전 일이 되고 말았습니다. 대신에 휴대폰 문자와 메일로 의사를 전달하는 데 어느덧 익숙해져 버렸습니다.

간편한 문자나 메일 －요즘에는 '카카오톡'이 대세－로 보낼 수 있는데 편지를 쓴다는 것은 보통 어려운 결심이 아닐 수 없습니다.

지난 주 설악산이 보이는 속초에서 국방부 군종실 주관으로 '보수교육'을 받았습니다. 그 교육 가운데 'SNS(Social Network Service) 교육'이 있었습니다. 좋은 강사를 통해 SNS의 세계에 빠져들었습니다. 내가 이 시대를 사는 게 맞나 할 정도로 세계는 광속도로 진화해 가고 있음을 알 수 있었습니다.

'SNS'가 얼마나 중요한지 그리고 'SNS'를 통해서 얼마나 많은 유익을 얻을 수 있는지 또 'SNS'를 하지 않으면 앞으로 세상에서 살아남을 수 없을 것 같은 위기감도 맛보았습니다.

편지 Vs 문자, 메일, 카페, 미니홈피, 트위터, 페이스북, 카톡…….',

아날로그 Vs 디지털!

소통의 수단들은 상대적으로 풍부해졌지만 좋은 만남, 아름다운 만남, 깊은 정을 느끼는 만남은 점점 적어지고 있다는 생각이 듭니다. 지금 누군가에게 편지를 받고 싶은 것은 저만의 생각일까요? 저도 누군가에게 편지를 써야겠습니다.

제2부
나는 군종목사다

사실

철책을 방문하는 것은

지휘관의 명령이 아닌

군종목사의 자발적인 활동입니다.

철책에서 근무해 본 장병들은

익히 알겠지만

철책에서는 사랑이 그립습니다.

그래서 장병들은

목사의 얼굴을 보면

반가워하고 좋아합니다.

자신들을 찾아와 주는

사랑이기 때문입니다.

보온병에 사랑을 담고

　목요일 야간에 군용 지프를 타고 이동하면서 불현듯 10여 년 전의 일이 생각났습니다. 1996년 7월, 6.25 격전지였던 백마고지를 중심으로 철책선을 담당하는 5사단 27연대 군종목사로 보직을 받았습니다. 그리고 1999년 8월까지 만 3년 동안 G.O.P. 연대의 사역을 감당했습니다. 여름이면 모기 때문에, 겨울이면 칼바람 추위 때문에 G.O.P.는 지금도 고된 근무지입니다.

　매주 목요일 밤 10시면 군종병과 함께 철책대대로 올라갔습니다. 소초와 초소를 도보로 이동하면서 일일이 병사들의 손잡아 주고, 전방을 응시하며 나라를 지키는 병사의 두 어깨에 손을 얹고 간절히 기도를 해 줍니다. 기도를 마친 후, 가지고 간 보온병에서 따뜻한 커피 한 잔을 따르고 달콤한 초코파이 하나를 건네면 피어오르는 병사의 미소! 이 미소 때문에 힘든 줄 모르고 철책을 오르내렸습니다. 때로는 몸이 피곤하거나 감기 기운이라도 있으면 올라가고 싶지 않은 적도 있었습니다. 그럴 때마다 하나님의 일은 사랑이나 열정만으로가 아니라 '인내'로 감당해야 합니다. 이처럼 선교는 '열정'과 '인내'가 만날 때 아름다운 열매를 거둘 수 있습니다.

금요일 오전 내내 피곤으로 헤매었지만 10년 만에 맛보는 철책선의 기도는 차만큼이나 따뜻하였고, 초코파이만큼이나 달콤하여 군종목사로서 다시금 보람을 느끼게 해 주었습니다.

보온병에 사랑을 담고 찾아가는 사역은 군종목사만의 소중한 기쁨입니다.

보온병에 담긴 사랑

　월요일은 서울에 있는 '심리치료연구소'에서 육군 본부 위탁 교육, 화요일부터 수요일은 국군중앙교회에서 '군종장교 보수 교육 및 세미나', 목요일은 6군단에서 '야전군종활동 시범식 교육'에 참석하면서 이어지는 교육에 몸도 마음도 지쳐 버리고 말았습니다. 집을 떠나면 집의 소중함이 느껴지듯이 수요일 저녁에 우리 교회가 아닌 다른 교회에서 예배를 드리려니 삼성교회 성도들을 보고 싶은 마음이 더 간절하였습니다. 아! 깨달았습니다! 그리움이 사랑임을!

　출장 기간 동안은 새벽 기도를 부득불 하지 못했습니다. 무엇보다도 새벽 기도에 하나님을 만나고 성도들을 만나는 행복을 빼앗겨 버린 느낌이 들었습니다. 모든 일정을 마치고 목요일 밤늦게 집으로 돌아왔습니다. 금요일 새벽! 피곤할 줄 알았는데 오히려 교회로 발걸음을 옮기는 것이 얼마나 신나던지…….

목양실에 도착해서 새벽 기도 준비를 하는데 아내가 보온병을 들고 왔습니다. 집사님 한 분이 제가 목을 많이 사용하니 좋은 차를 타서 가져오신 모양입니다. 잠시 후에 다른 집사님이 또 보온병을 들고 들어오셨습니다. 그제서야 깨달았습니다. 제가 성도들을 사랑하는 것보다 성도들이 저를 더 많이 사랑하고 있었음을……. 보온병에 담긴 따뜻한 사랑에 가슴이 뭉클해졌습니다.

사랑하는 일도 행복하고, 사랑받는 일도 행복합니다. 귀한 사랑을 먹고 새벽 강단에서 찬양을 하니 더 감사했습니다. 새벽 기도를 마친 후 보온병 안의 차를 또 한 잔 마셨습니다. 그윽한 차의 향기가 온몸에 전해져 왔습니다.

'보온병에 담긴 사랑!'으로 세상에서 가장 따스하고 눈부신 아침을 맞이했습니다.

타임머신

육군훈련소 최희철 목사님께서 급히 전화를 주셨습니다. 입소대교회 제 후임인 윤 목사님이 갑자기 부상을 당해서 주일 전도집회를 못하게 되었으니 도와달라는 것이었습니다. 입소대대는 육군훈련소에 입소하는 '입영장정'들의 첫 관문입니다. 이곳에 3~4일 동안 머물면서 신체검사, 주특기 검사 및 피복 지급 등을 받습니다. 그리고 머무는 동안 '종교 행사'에 참석하는데 여기서 어떤 종교로 가느냐에 따라 훈련소에서의 종교행사가 정해집니다.

장로님께 사정을 말씀드린 후 주일예배는 장 전도사님께 부탁을 하고, 토요일 오전에 육군훈련소로 향하였습니다. 폭설로 고속도로가 마비되다시피 하여 고속도로를 피하여 동학사에서 계룡대로 넘어가는 산길을 택하였습니다. 계룡대에서 국도를 이용하여 훈련소에 도착하였습니다. 평소 40분이면 갈 수 있는 길이 세 시간이나 걸렸습니다.

　2003년 7월 20일! 육군훈련소 입소대교회에서 2년 임기의 마지막 전도 집회를 인도한 후, 2004년 3월 7일에 저는 다시 입소대교회 강단에 서게 되었습니다. 7개월 만에 다시 서게 된 것입니다. 꼭 타임머신을 타고 간 느낌이었습니다. 2년간 열정적으로 사역했던 강단과 교회 집사님들은 여전하였습니다. 다만 찬양단을 구성했던 형제들은 그 사이 대부분 전역했고 새로운 형제들이 채워져 있었습니다. 2년간 반복해서 사역했던 집회였지만 7개월의 공백기가 저에게 조금은 어색하게 느껴졌습니다. 그러나 이내 예전의 실력(?)을 발휘할 수 있었습니다. 주일 오전과 저녁집회 그리고 수요일까지 3회에 걸친 집회를 마치고 봉화교회로 돌아왔습니다.

　다행히 윤 목사님의 수술 결과가 좋아 돌아오는 주부터 발에 붕대를 감고서라도 집회를 할 수 있다니 여간 다행이 아닙니다. 속히 회복되어 훈련병들의 가슴에 복음의 씨앗을 열심히 뿌려 주기를 바랍니다.

　오늘은 결코 돌이킬 수 없는 과거가 될 것입니다. 그러므로 오늘이란 시간에 최선을 다하고, 오늘이란 시간을 아름답고 귀하게 사용하겠습니다. 왜냐하면 이 세상에 '타임머신'은 없기 때문에!

훈련 중

    지난 목요일 밤, 군단 내 군종목사님들과 함께 대전 자운대로 향하였습니다. 5군단 교회에서 연합하여 훈련 위문품을 준비하였고, 그것을 가지고 8명의 군종목사님들이 BCTP 훈련장으로 향한 것입니다. 밤 11시경에 한참 훈련 중인 장병들을 찾아갔고, 장병들은 뜻밖의 위문에 반가워했습니다. 각 지휘관과 참모들과 간부, 그리고 병사들을 보니 반갑기도 하고 든든하기도 하고, 훈련 중 피로한 모습을 보니 안쓰럽기도 하고…….

    금요일 밤에는 훈련 중인 사단장님 이하 장병들을 위문하였습니다. 모두 훈련 중에 쌓인 피로 속에 위문품을 받아 들고는 좋아합니다.

    지금도 지구 곳곳에서는 수 없는 분쟁과 갈등, 테러와 전쟁이 계속되고 있습니다. 우리 군은 1년 내내 훈련 중입니다. 훈련하지 않으면 우리의 안위를 보장할 수 없기 때문입니다. 신앙생활도 마찬가지입니다. 훈련받지 않은 성도는 마귀와의 영적 전쟁에서 결코 이길 수 없습니다. 평상시의 땀 한 방울은 전시의 피 한 방울과도 같습니다.

훈련받기를 싫어하는 게으른 군대는 전쟁에서 결코 이길 수 없는 것처럼 훈련받기를 싫어하는 게으른 성도는 삶에서 패배할 수밖에 없습니다.

군종목사는 지금 훈련 중입니다.

유리공주

군 교회를 섬기면서 겪는 어려움은 성도들의 잦은 이사 때문에 깊이 있는 만남과 교제를 갖지 못한다는 것입니다. 장교들은 1년 보직이며, 군종목사도 2년이 지나면 예외 없이 사역지를 옮겨야 하기 때문입니다. 이러한 짧은 만남은 서로 간의 진지하고 깊은 만남을 방해합니다. 그래서 서로에 대한 특별한 기대감도 없이 그냥 수박 겉핥기식 만남에 익숙합니다. 어느 누구도 선뜻 자신의 마음을 먼저 열려고 하지 않습니다. 자신의 속마음을 보여 주는 것은 '손해 보는 일'이라고 생각합니다. 이러한 '자기 보호 의식'은 자신을 사람들 사이에서 감추어 버립니다.

"오즈의 마법사"에 나오는 '유리공주'는 사람들이 손을 대기만 하면 깨지기 때문에 손을 내밀지도 못하고 사람들에게 가까이 다가가지도 못합니다. 그래서 늘 사람들과 어느 정도 거리를 두고 만납니다. 군 교회에서 만난 많은 성도들이 마치 '유리공주'와 같은 태도를 취합니다. 그래서 한 번뿐인 삶을 살아가면서 평생 따뜻하고 정감 있는 만남을 가져 보지도 못한 채 그저 얕은 물가에서 헤엄치다 마는 어린아이와 같이 살고 맙니다. 이 얼마나 안타까운 인생입니까? 사람은 서로 눈을 마주치고, 손을 잡고, 포옹을 하고, 음식을 나누며, 사랑을 주고받고 살아야 사람답게 사는 것입니다.

자신의 마음을 열지 않으면 상대도 나를 향해서 마음을 열지 않습니다. 내가 사랑으로 다가가지 않고 상대 또한 그런 마음이라면, 우리는 영원히 진정한 만남의 행복을 누리지 못할 것입니다. 열지 않겠다는 심리는 곧 '손해 보지 않겠다!'는 것입니다. 신앙생활은 손해 보는 것임을 알아야 합니다. 이 세상에서 시간을 손해 보고, 물질을 손해 보고, 땀방울을 손해 볼 때 자신의 하늘나라 창고가 풍성해지는 그 비밀을 알아야 합니다.

유리공주를 넘어서 서로를 향해 따뜻한 사랑의 눈길과 섬김의 손길을 내밀어 주시지 않겠습니까?

군종병 집체교육

지난 수요일부터 금요일까지 우리 교회에서는 대대급 군종병을 대상으로 집체교육을 실시했습니다. 35명의 군종병들이 참석했고 모두 밝은 표정으로 각자 섬기는 부대와 교회로 출발하였습니다. 대대급 군종병은 편제 및 인가가 없습니다. 그런 상황 속에서 그저 가슴에 군종이라는 두 글자와 십자가를 단 형제들에게 맡겨진 사명은 편제와 인가가 되어 있는 어떤 직책보다도 더 중요하다고 감히 말할 수 있습니다.

군종형제들은 무엇보다도 그리스도의 몸된 교회를 섬기고 관리하며 병사들을 주님의 품으로 인도하는 데 앞장서고 있습니다. 또한 병사들의 고민과 애로사항에 대하여 누구보다도 먼저 경청하고 도와주며 함께 기도해 주고 있습니다. 그리고 대대 안에서 한 생명도 꽃잎처럼 떨어지지 않도록 기도하는 거룩한 임무를 맡고 있습니다. 그러나 저들의 입술을 통해서 그동안 받았던 스트레스와 아픔들, 그리고 애로사항들을 들을 때는 마음이 많이 아팠습니다.

그러나 군종병으로서의 사명과 역할을 감당하는 데 있어 하나님께서는 어느 정도의 고난과 시련을 일부러 주실 수도 있음을 알아야 합니다.

기독교는 고난과 박해 속에서 오히려 찬란한 생명력을 성장시켜 왔지만, 그것이 사라져 버렸을 때에는 오히려 타락했었던 것을 기억해야 합니다.

어쨌든 2박 3일 동안 다시 한 번 사명감을 고취하였고, 또한 함께 운동하며 목욕하면서 친교와 교제를 나누고, 피로를 풀 수 있었습니다.

오늘도 예하 교회에서 이름 없이 빛도 없이 묵묵히 사명을 감당하는 대대 군종병들과 나아가 중대 및 소대 군종병들에게 힘찬 박수를 보냅니다.

야간 행군

　　지난 목요일 18연대 2대대와 헌병대와 방공중대 용사들의 유격훈련 현장을 방문했습니다. 저녁식사는 유격장에서 병사들과 함께 먹었습니다. 그리고 야간 행군에 동참하였습니다. 헌병대와 방공중대 막내 이등병 두 명을 제 옆에 두고 함께 출발했습니다. 이등병이 군장의 무게를 이기지 못해 차로 보내려는 것을 제가 대신 매어 보았습니다. 잠시 동안이지만 사랑은 명사가 아니라 동사라는 명제를 실천해 보고 싶었습니다. 사랑의 표현을 백 번 말로 하는 것보다 저들과 함께 걸어보고 싶었습니다. 두 시간 좀 넘게 산길을 걸으면서 용사들과 이런저런 대화를 나누었습니다.

　　행군 길옆에 피어 있는 꽃과 산에 듬성듬성 피어 있는 진달래도 아름다웠습니다. 나라를 지키겠다고 이름 모를 고개를 묵묵히 걸어가는 용사들을 보면서 감사하기도 하고 가슴이 뭉클해 옴도 느꼈습니다. 그리고 이렇게 멋진 용사들과 함께 걸을 수 있다는 것이 행복했습니다. 집에 돌아와 보니 그것 조금 걸었다고 발뒤꿈치와 앞에 물집이 잡혔습니다. 피식 웃음이 나왔습니다. 앞으로 종종 '동참 행군'을 해야겠다는 생각이 들었습니다.

누가 시키지도 않았는데 왜 그런 부담스러운 생각이(?) 드는지…….

아프가니스탄

온 국민의 걱정과 기도의 제목은 아프가니스탄에서 봉사 활동을 하다 탈레반들에 의해 납치된 스물두 명의 무사 귀환이었습니다. 정말 가슴 아프게도 봉사단원을 이끌었던 배형규 목사님은 저들에 의해서 희생되어 하나님 나라의 순교자 반열에 섰습니다. 혹 세상 사람들이 어떤 말로 저들의 봉사활동을 비난한다고 할지라도 배 목사님은 "하나님을 사랑하고 네 이웃을 사랑하라"는 예수 그리스도의 가르침을 온 몸으로 실천하신 분입니다. 참 기묘한 것은 배 목사님의 생일에 맞추어 하나님은 그의 생명을 거두어 가셨습니다. 배 목사님의 순교 소식을 들으며 초대교회 '스데반'이 떠올랐습니다.

배 목사님의 순교의 피는 아프간 땅에 떨어진 복음의 밀알이 될 줄 믿습니다. 전쟁과 테러로 고통 받고 있는 아프간 백성들에게 진정한 평화와 자유, 구원과 생명의 역사가 새롭게 일어나기를 기도합니다.

　세상에는 사람들의 이마에 흐른 땀을 시원하게 식혀 주는 산 위에서 부는 바람도 있지만, 삶을 파괴하는 허리케인이나 태풍도 있습니다. 갑자기 삶에 불어 닥친 태풍이 인질로 잡혀 있는 사람들과 그들의 무사귀환을 기도하는 가족들의 가슴에 속히 시원한 바람으로 바뀌어지기를 기도합니다. 남은 봉사단원 스물두 명이 돌아오는 날까지 새벽에 함께 기도해 주시지 않겠습니까?(07.7.29)

　* 이 글을 쓴 후 3년이 지난 2010년 7월 1일부로 아프간 땅에 파병되어 6개월간 그 땅을 위해 기도하고, 찬양하고 뜨겁게 예배한 것은 전적인 하나님의 은혜였습니다.

진중세례

    토요일 오후 전국남선교회연합회(통합) 특수선교부 후원으로 신병교육대 임마누엘백마교회에서 진중세례식을 베풀었습니다. 430여 명의 신병들이 참석하여 그 가운데 304명이 세례를 받았습니다. 그동안 사역했던 사단의 신교대 세례예식 가운데 이렇게 많은 수의 신병들이 세례를 받기는 처음입니다. 참으로 감사한 일이 아닐 수 없습니다. 교회가 외면 받고 지탄받는 이 시대 속에서 유독 군에서는 수많은 청년들이 교회로 몰려옵니다. 그것은 힘든 군 생활 가운데 진정한 삶의 위로와 소망을 이곳에서 찾을 수 있기 때문이 아닐까요?

    "하나님의 지혜에 있어서는 이 세상이 자기 지혜로 하나님을 알지 못하므로 하나님께서 전도의 미련한 것으로 믿는 자들을 구원하시기를 기뻐하셨도다."(고전 1:21)

　　이를 위하여 함께 기도하고 동역하는 처음사랑찬양단의 수고와 장로님, 권사님, 안수집사님, 집사님들의 헌신에 깊은 사랑을 표합니다. 비록 저들이 아직 예수님에 대하여, 성경에 대하여, 교회에 대하여, 신앙생활에 대하여 잘 모르지만 이제부터 한걸음씩 믿음이 성장하고 성숙해 갈 것입니다.

　　앞으로 군 생활 동안 저들을 잘 양육해서 반석 같은 믿음의 청년들로 만들어야 할 사명이 우리에게 있습니다. 이렇게 귀한 사명을 저 혼자서 감당할 수가 없습니다. 그래서 예하 교회에 많은 주의 종들을 붙여 주셨고, 우리 교회에 동역자들을 붙여 주셨습니다. 금요일 저녁에 예하부대 교회에서 사역하시는 군선교 목회자들을 초청하여 저녁식사를 대접하며 저들의 수고를 위로하였습니다.

　　청년 복음화를 위하여 이렇게 많은 동역자들이 헌신하니 제 마음이 행복합니다. 사랑합니다! 사랑합니다!

군인교회를 사랑합니다!

　　군 선교 현장에서 가장 안타까운 점을 한 가지 꼽으라고 하면 많은 기독군인들이 군 교회를 등지고 있다는 사실입니다. 군 교회를 애써 외면하고 일반교회로 출석합니다. 나름의 이유가 있겠지요! 담임목사님이 너무 자주 교체되어서! 군교회에서 영적 충족이 안 되어서! 군 교회 시설이 안 좋아서! 아이들이 가려고 하지 않아서! 주일까지 부대 안으로 들어가기 싫어서! 상급자를 보기 싫어서! 부사관으로 장교들하고 있는 것이 싫어서! 군 교회 안에서도 계급적으로 차별받는 것 같아서! 군 교회에서 상처받아서, 그냥 편하게 다니려고…….

　　나만 예수님 믿고 은혜 받고, 평안의 삶을 누리고, 우리 가정만 평안하면 그만이라는 개인주의적 성향이 강하기 때문입니다. 어떤 이는 군 교회에 상처를 받아서 이제는 더 이상 관여하고 싶지 않다는 분도 있습니다.

그러나 상처 없는 인생은 어디에도 없습니다. 인생은 상처 속에 진주를 만들어 내는 것입니다. 군대나 일반사회 어디든지 사람이 사는 곳은 힘든 일, 짜증나는 일, 억울한 일, 상처를 주고받는 일이 비일비재합니다.

이러한 잡다한 이유로 군대 안의 젊은 형제들을 외면해도 되는 것일까요? 갈수록 군 교회 신자들이 줄어들고 있습니다. 대대급 교회는 물론이고 연대급조차 군종목사 외 몇 가정, 사단교회도 얼마 안 되는 성도들이 모이다 보니 형제들을 섬길 수 있는 인적 자원과 물적 자원의 심각한 부족을 느낍니다.

이러다 언젠가는 군 교회에 목사만 남는 날이 오지 않을까 하는 걱정도 됩니다. 지난 화요일 저녁, 51포병대대 교회를 섬기는 권사님을(남자이지만 감리교에서 권사가 됨) 만나 식사를 하고 왔습니다. 군인들은 민간교회로 향하는데 오히려 민간인이 군 교회를 섬기고 계시니 눈물이 날 정도로 고마웠습니다.

민간인이 군 교회를 섬기는 반면에 군인은 군 교회를 외면하는 현실이 안타깝기 그지없습니다. 아! 이렇게 고백하는 군인이 그립습니다.

'나는 군인교회를 사랑합니다. 그래서 군인교회를 섬깁니다!'

깊은 산에서

30일에 29연대에서 사역하는 군종목사와 민간지원 목사 두 분과 함께 연대 R.C.T.(연대전투단훈련) 위문을 갔습니다. 그동안 수없이 많은 야전 훈련장에 위문을 갔지만 네 명의 목사가 함께 간 일은 처음이었습니다.

깊은 산속! 인적이라곤 찾아볼 수 없는 곳에서 나라를 지키겠다고 열심히 훈련에 임하는 백마부대 장병들을 보니 마음 한구석에 찡한 감동이 왔습니다. 연대장과 대대장, 그리고 네 명의 목사들이 함께 손을 잡고 장병들을 위하여 간절히 기도했습니다. 특별히 훈련 장병들의 안전복귀를 위하여 기도하였습니다. 훈련 위문을 마치고 집에 돌아오니 밤 11시가 조금 넘었습니다.

다음날 금요일 오전! 군단 회의에서 우리 부대와 쌍방훈련을 했던 부대의 사고 소식을 들었습니다. 그 부대의 훈련 복귀 차량이 전복되어 한 명이 사망했다는 소식이었습니다. 참으로 안타까운 일이 아닐 수 없습니다.

순간 머리를 스치고 지나가는 생각이 하나 있었습니다.

　"아! 깊은 산속에서의 기도는 절대로 헛되지 않았구나! 훈련 중 기도는 액세서리로 하는 것이 아니라 절실하게 필요한 것이구나!"

나는 군종목사다!

군복을 입은 지도 벌써 17년째 접어들었습니다. 도서를 정리하는 가운데 연대 군종목사 시절에 찍어 놓았던 사진을 발견하고 뭉클한 옛 생각에 잠시 빠져들었습니다. 이 한 장의 사진은 1996년 5사단 27연대(G.O.P.)에서 사역하던 시절에 한 잡지사의 사진기자가 찍은 것입니다.

사진기자가 부대의 협조를 받아서 철책부대 군인들의 모습과 철원 지역의 겨울 풍경을 촬영하던 중 우연찮게 목사의 철책 활동을 사진에 담고 싶다고 해서 찍어 놓은 것입니다.

사진 속의 시간은 1996년 12월 20일 오전 5시! 장소는 철책 앞! 연대 군종목사 시절 군종 활동 가운데 가장 기억에 남는 것이 바로 철책 군종 활동입니다. 철책에서 경계 근무 중인 병사를 만나 위로와 격려를 했던 일은 가장 보람 있었던 순간이었습니다. 사실 철책을 방문하는 것은 지휘관의 명령이 아닌 군종목사의 자발적인 활동입니다. 철책에서 근무해 본 장병들은 익히 알겠지만 철책에서는 사람이 그립습니다. 그래서 장병들은 목사의 얼굴을 보면 반가워하고 좋아합니다. 자신들을 찾아와 주는 사람이기 때문입니다. 그 당시 저는 매주 목요일 밤에 철책대대를 방문하였습니다. 군종병과 함께 방문하는데 먼저 암구어를 숙지한 후 군용백에 빵과 사탕, 그리고 큰 보온병에 뜨거운 커피를 가득 넣어 가지고 갑니다.

먼저 대대장실을 방문하여 대대장님에게 바깥세상 이야기도 들려주기도 하고 또 대대장님으로부터 어려워하는 병사들에 관한 정보와 또 지휘관으로 겪는 고독함에 대한 이야기를 듣기도 합니다. 그리고 철책 순찰로를 따라 소초에서 근무 중인 병사들을 찾아갑니다. 따뜻한 차 한 잔을 나누는 순간에도 병사들은 경계의 끈을 놓지 않았고, 저들을 위해 두 어깨 위에 손을 얹고 기도하는 순간에도 저들은 눈을 뜬 채 전방을 경계하였습니다.

순찰자 외에는 아무도 만날 수 없고 볼 수 없는 전방의 철책소초! 긴장감이 깊다 못해 이제는 깊은 침묵의 여운만이 감도는 곳이 바로 G.O.P. 철책입니다. 성탄절을 앞두고 고지에서 바라본 철책의 불빛은 마치 성탄 트리와도 같이 길고 아름다운 빛을 발합니다. 때문에 철책의 경계등에서 흘러나오는 불빛은 경계의 불빛이면서 동시에 어두운 세상을 환하게 비추는 소망의 불빛으로 보였습니다.

분단으로 남과 북이 나뉜 지 어언 61년! 오늘도 변함없이 155마일 철책선을 붙잡고 국토방위에 힘쓰는 얼굴도 모르는 장병들이 있습니다. 정말 고맙고 감사한 사람들입니다.

17년 전의 사진 한 장을 바라보면서 콧날이 다시금 시큰해집니다. 그대들이 있기에 대한민국이 있습니다! 그리고 이렇게 외칩니다.

'나는 군종목사다!'

철책 위의 크리스마스

교회에 장식해 놓은 성탄절 트리와 유흥가의 불빛은 누구의 불빛이 더 밝은지 경쟁하듯 반짝입니다. 성탄의 의미를 되새기는 것은 옛말이 되었고, 성탄과는 관계없이 성탄을 빙자하여 쾌락으로 밤을 채워갑니다.

어릴 적 주일학교 다닐 때에는 성탄을 기다리는 들뜬 마음으로 한 달 전부터 찬양과 율동과 연극을 준비했습니다. 단연 하이라이트는 연극이었고, 저와 친구들은 자신이 진짜 요셉인 것처럼 동방박사인 것처럼 서툴지만 열심히 연기를 했습니다. 아기 예수님 탄생을 온 몸으로 축하한 밤이었습니다. 그리고 새벽이 되면 형과 누나를 따라 하얀 새벽 눈길을 걸으며 외딴 곳에 있는 집사님 집으로 새벽송을 부르러 갔습니다.

"기쁘다 구주 오셨네♪! 만백성 맞으라♩ 온 교회여 다일어나♬"

집사님께서 따뜻한 차와 군고구마 등의 간식을 내어 놓으셔서 맛있게 먹었습니다. 신학공부를 하면서 예수님에 대해 조금 더 많은 지식은 채웠는지 모르지만 예수님 탄생에 대한 기쁨과 감동은 점차 줄어만 갔습니다. 솔직히 성탄은 기쁨보다는 또 하나 치러야 할 연례행사이자 힘든 절기가 되었습니다. 그러나 성장과 반비례하여 성탄을 기다리는 마음도 준비하는 마음도 성탄에 대한 신비함도 사라져 갔습니다.

군종목사로 임관을 하여 백마고지가 보이는 철책부대에서 맞이하는 성탄절은 어릴적 성탄절의 신비와 감동을 되살리게 하는 더할 나위 없이 아름다운 기회였습니다. 칠흑 같은 어둠, 알 수 없는 긴장, 그리고 적막함만이 감싸고 있는 전방의 부대 한 가운데, 그리고 북녘 땅이 내려다보이는 고지에 세워진 교회의 십자가 불빛은 추위와 외로움에 고단한 장병들의 가슴 속에 따스함과 다정함으로 그리고 경건함과 신비로움으로 다가왔습니다. 그래서 불신 장병들도 부대 안의 십자가가 간혹 고장이 나는 날이면 어김없이 왜 십자가 불이 안 들어 왔냐고 묻는 일도 생기곤 합니다. 도시로 나가면 너무 흔해서 십자가 공해를 느낄 정도인데 깊은 산 철책에서 보는 십자가 불빛은 얼마나 따스함으로 장병들 가슴으로 들어오는지…….

크리스마스 새벽송

　지금은 찾아보기 힘든 행사가 바로 성탄을 맞이하는 '새벽송'입니다. 연대 군종목사 시절 철책부대(G.O.P.)의 새벽송을 하였습니다. 군종병들에게 산타클로스 옷을 입히고 초코파이와 커피와 사탕을 넣은 자루를 짊어지고 철책을 위문합니다. 철책대대를 중대별로 지역을 나누어 군종병들과 성탄위문을 합니다. 저녁 10시에 시작하면 다음날 새벽 3-4시에 임무를 달성합니다. 영하 15-20도의 날씨이지만 이 고지 저 고지를 오르내리노라면 속옷은 이내 땀으로 범벅이 됩니다.

　경계작전 중에 있는 병사들에게 다가갑니다!

"손들어 움직이면 쏜다! 누구냐?"

"군종목사다!"

"목적은?"

"위문 중이다!"

“충성!”

“오! 한 상병! 김 일병이구나! 메리 크리스마스!”

“목사님! 메리 크리스마스입니다.”

“한 상병과 김 일병! 잘지냈나? 고생 많지! 많이 추운데 감기는 안 걸렸나?”

“예, 괜찮습니다.”

“그래! 건강하니 감사하군! 자네들 단결다방에 커피 시켰나?”

“아닙니다.”

“그래, 난 커피 배달 왔는데! 어이 김 마담!(군종병에게) 그냥 가자!”

“저~ 목사님! 커피 시켰습니다.”

“그래? 성탄절 위문품으로 빵과 따뜻한 커피 가져왔다, 먹고 힘내거라.”

“감사합니다! 잘 먹겠습니다.”

경계 중이기 때문에 전방을 응시하는 두 눈은 한눈을 팔 수 없어 두 형제의 어깨에 손을 얹고 기도합니다.

“주여! 분단된 조국에 속히 평화를 주옵소서! 외롭고 힘든 형제들의 가슴을 주님의 사랑으로 가득 채워 주옵소서! 추운 날씨에 강건하게 하옵시고 믿음으로 군 생활에서 승리하게 하옵소서!”

　　찬바람 불던 소초 안은 뜨거운 사랑으로 훈훈해집
니다. 푸른 새벽을 따라 어느덧 전방고지의 십자탑에 이
르면 고지 아래의 철책 감시전등은 어느새 웅장한 성탄
트리로 변해 있습니다.
　　“고요한밤 ♪거룩한 밤♪…….”

군 선교의 열매

지난 토요일 오후 예하 대대교회를 섬기는 목사님께서 대대교회 집사님 네 명과 함께 목양실로 왔습니다. 대대교회 집사님들에 대한 '제직임명에 앞선 교육'을 해 달라는 것이었습니다. 그래서 목양실에서 한 시간이 조금 넘게 '제직교육'을 하였습니다. 특히 대대를 지휘하는 대대장이 휴가를 이용하여 제직교육을 참석한다는 것은 처음 보는 아주 귀한 모습이었습니다. 교육이 끝난 후 점심을 대접하였고, 점심 후에 목양실에서 차를 마시면서 이런저런 이야기를 나누었습니다. 그리고 그때 한 부사관 집사님을 통해 하나님께서 살아 역사하심을 깨달았습니다.

김동일 중사! 김 집사님은 신평리 소초 소초장이자 대대교회를 섬기는 유일한 부사관 집사님입니다. 2002년 육군훈련소 입소대대교회에서 군복을 입고 처음으로 드린 예배를 지금도 잊지 못한다며 그때 그 교회 목사님을 통해 받은 은혜를 이야기했습니다. 이야기를 듣다 보니 그때 그 목사가 바로 저인 것을 알게 되었습니다. 그래서 김동일 집사님에게 그 목사가 바로 '나'라고 하자 얼마나 놀라고 믿겨지지 않는 모습이었던지…….

그도 그럴 것이 8년이라는 세월이 흘렀고, 그때 입소대에 입대한 부사관 후보생들은 저하고 딱 한 번 예배를 드린 후 부사관 학교로 갔기 때문에 기억하는 것이 쉽지 않을 것입니다. 그 한 번의 집회를 통하여 받은 은혜와 열매를 8년의 시간이 지난 후에 김동일 집사님을 통해 확인할 수 있다는 것이 얼마나 가슴 뭉클한 것인지요!

이 만남을 통해서 우리가 군 선교를 위하여 뿌리는 씨앗들이 결코 헛되지 아니하고 하나님의 귀한 열매로 맺어지게 된다는 사실을 확인하는 기쁜 시간이 되었습니다.

"눈물을 흘리며 씨를 뿌리는 자는 기쁨으로 거두리로다."(시 126:5)

아프간에서 드린 예배

주일저녁 감격적인 첫 예배를 드린 후, 부대의 휴일이 금요일로 정해지면서 금요일 오전에 예배를 드리기로 정하였지만 경호중대 및 항공지원대의 훈련관계로 예배시간을 부득이 변경하게 되었습니다. 사실 첫 번 예배를 준비하면서부터 느낀 것은 이렇게 파병지에 와서 그것도 이슬람 종교문화권에서 비록 부대 안이지만 예배를 드린다는 것이 쉽지 않음을 깊이 체험하면서 그동안 너무 편하게 예배를 드렸다는 생각과 함께 예배의 소중함을 다시 한 번 깨닫는 시간이었습니다. 예배의 장소가 바뀌고, 요일과 시간이 바뀌고, 바뀐 것이 다시 바뀌고……. 그래서 Enduring Chapel의 미군 목사님을 만나 사용 가능한 시간을 협조하고……. 저는 이런 과정 속에 큰 은혜를 받았습니다.

어떻게든 예배를 드리기 위해 발로 뛰면서 참으로

행복했습니다. 제 마음 속에 예배가 시작되었고 예배가 살아 있음에 감사했습니다.

한국에 예배 드릴 장소가 없어서 예배를 드리지 못하는 크리스천은 없을 것입니다. 대한민국 어디를 가도 곳곳에 세워진 빌딩 옥상에는 어김없이 십자가가 세워져 있습니다. 그러나 이곳 아프간 광활한 땅 어디에도 십자가가 높이 달려 있는 예배당을 찾아 볼 수 없습니다. 이곳 바그람 기지 안의 Enduring Chapel조차 밖에도 안에도 십자가는 찾아볼 수 없습니다. 여러 종교가 혼합으로 쓰는 Religion Center이기 때문입니다. 바그람에 전개한 이후 눈코 뜰 새 없이 분주하지만 하나님은 이곳에서도 예배드리길 원하십니다.

목마른 사슴이 시냇물을 찾아 헤매듯이.

왜 광야인가?

광야를 히브리어로 '미드바르'라고 합니다. '미드바르'라는 '하나님의 말씀이 있는 곳, 하나님의 말씀을 만나는 곳'을 말합니다. 광야에 볼 것이 무엇이 있겠습니까? 돌과 간혹 보이는 무명의 풀 정도! 그리고 흙먼지와 바람! 뜨거운 태양이 광야에서 체험할 수 있는 전부입니다. 광야는 우리의 눈을 만족시킬 수 없고, 우리의 욕구를 만족시킬 수 없는 환경입니다. 그런데 그런 광야에 하나님의 말씀이 임한다니 놀랍지 않습니까? 왜 그럴까요? 그것은 바라볼 것이 없는 광야에서 진정 하나님만 바라볼 수 있기 때문입니다. 그렇습니다. 하나님의 말씀은 하나님만 바라보는 사람만이 들을 수 있기 때문입니다.

선지자들은 한결같이 하나님의 말씀을 듣기 위하여 광야로 나갔습니다. 모세는 시내광야에서 하나님을 만나 출애굽에 관한 소명을 받았습니다. 다윗은 사울 왕을 피하여 엔게디 광야에서 하나님을 의지하는 시편을 썼습니다. 세례 요한은 유대 광야에 살면서 메뚜기와 석청으로 음식을 삼았으며 광야로 찾아오는 유대인들을 향해 하나님의 말씀을 전했습니다.

예수님도 공생애를 시작하시기 전에 스스로 광야로 가서서 40일간 금식하며 기도하셨습니다. 바울도 다메섹에서 하나님을 만난 후 3년 동안 아라비아 광야로 가서 하나님의 말씀을 받았습니다.

물질문명이 주는 풍요로움에 길들여진 우리의 삶 속에서 과연 하나님은 어디에서 말씀하고 계실까요? 내가 지금 두 발로 딛고 서 있는 이 땅! 아프간이 아닐까요?

광야의 풍요로움

아프간 바그람 기지는 광야 한 가운데 구 소련이 아프간을 침공했을 때 만들었습니다. 멀리 보이는 산꼭대기에는 만년설이 보이고 주변에 보이는 것이라곤 벌거벗은 산뿐입니다. 바람이 불어 흙먼지가 날리면 옷, 얼굴, 군화가 모두 뿌옇게 됩니다. 사람이 도무지 살 수 없을 것 같은 이곳에 3만여 명의 군인과 민간인이 뒤섞여 살고 있습니다.

매일 세 번씩 기지안의 **D.Fac(Dinning Facility)**에 가면 바깥세상과는 다른 별천지가 펼쳐집니다. 바로 풍성한 먹을거리입니다. 그 풍성한 먹거리 앞에서 이것저것 접시에 담다 보면 어느새 가득이 됩니다. 그리곤 다 먹지도 못한 채 남기게 됩니다. 그곳에서 저의 탐심을 보았습니다. 풍성한 먹거리! 그리고 쓰레기통에 가차 없이 던져지는 남은 음식들! 거기다가 분리수거할 필요도 없이 버려지는 음식 쓰레기!

아이러니컬하게도 기지 밖의 아프간 백성들은 지독한 가난에 힘들어 합니다. 아프간에 태어난 이유 하나만으로 굶주리고 대한민국이나 미국에 태어났다는 이유 하나만으로 풍성하게 먹을 수 있는 것이라면 저들을 향해 한없이 미안한 마음이 듭니다. 풍요로운 식탁을 매일 대하면서 육신의 풍요로움에 취해 우리 영혼이 빈곤해지지 않을까 자신을 채찍질해 봅니다.

"주여! 내 영혼이 육신의 풍요로움에 취하지 말게 하시고, 내 영혼을 가난하게 하사 주님의 풍요로움을 구하게 하소서!"

동참 비행

샬람 말라이쿰! 아프간에 온지 보름밖에 안 되었지만 한국에서의 시간과 질적으로 큰 차이가 있음을 느끼게 됩니다. 평균 36℃ 이상의 고온과 강렬한 태양! 불어오는 먼지와 모래 바람은 목을 아프게 하고 모자와 선글라스 없이는 밖을 다니기 힘듭니다. 또한 미군 식당의 메뉴는 한국 음식을 그리워하게 만듭니다.

저희 부대는 지난 7월 1일 서울공항을 출발하여 이곳 아프간의 바그람 미공군 기지 내에 무사히 전개하여 일주일이 지났습니다. 그동안 이곳 바그람 기지 내에 조기 정착하기 위하여 장병들이 무더위와 싸우면서 쉴 틈 없이 작업을 하였습니다. 끊임없이 불어오는 황사 때문에 눈과 목은 따갑고 고향과는 멀리 떨어져서 그런지 장병들이 너나 할 것 없이 고국의 가족들을 그리워합니다. 아마 앞으로 더 그리워하게 될 것입니다.

이곳에 부대가 전개하여 드린 첫 예배는 한국병원 로비에서 40여 명이, 두 번째 예배는 미군 Enduring Faith chapel에서 70여 명이 뜨겁게 드렸습니다. 아프간 땅에서 장병들과 힘차게 부르는 찬양 중에 하나님 은혜에 감격하여 눈물이 주르륵 흘러 내렸습니다.

지난 7월 8일에는 육군 항공 역사상 처음으로 헬기가 아프간 상공을 비행하였습니다. 항공대 대장의 요청으로 저는 비행 안전 기도를 하였습니다. 비행 안전 기도를 드리는 것은 문제될 것이 없습니다. 문제는 함께 동참비행을 해달라는 요청이었습니다. 기꺼이 동참비행에 참여하기로 하고 헬기에 올랐습니다.

조종사도 승무원도 나름 긴장을 한 표정입니다. 비록 철모와 방탄복을 입었지만 헬기가 추락한다면 아무 소용이 없습니다. 굉음을 내며 프로펠러가 힘차게 돌더니 이내 땅을 박차고 푸른 항공으로 날개를 폈습니다. 적지 않은 긴장과 부담감 속에 두 시간 동안 무사히 비행을 마치고 기지로 돌아왔습니다.

'동참비행'을 통해 총이 없는 군종목사가 전장 지역에서 행할 수 있는 '임재 사역'의 모델을 발견했습니다. 육군항공의 해외 첫 비행에 제가 함께 할 수 있었음이 무한영광입니다. 충성!

자기 다스림

　　기지 안의 생활이란 다람쥐 쳇바퀴 도는 것과 비슷합니다. 특히 D. Fac(Dining Facility)을 아침, 점심, 저녁으로 오고 갈 때면 정말 먹기 위해 사는 것처럼 느껴질 때도 있습니다. 좁은 텐트 안의 한정된 공간에서 거의 24시간 얼굴을 대하고 살다 보면 사소한 것들이 서로의 신경을 자극하여 여러 가지 어려움이 발생합니다. 긴장 속에 영외작전을 마친 후에 오는 피로감! 가족들과의 떨어진 생활! 반복되는 생활은 여러 가지 스트레스를 가져옵니다. 작은 일에도 신경이 예민하게 반응하게 되고, 짜증을 내고, 언성이 높아지고, 입에서는 거친 말들이 쏟아지기도 합니다. 그럴 때마다 자신의 성질을 있는 그대로 다 부린다면 아마 파병부대는 엄청난 어려움에 처하게 될 것입니다.

　　이러한 문제의 중심으로 들어가 보면 그곳에는 어김

없이 '이기주의'가 자리하고 있습니다. 그 이기심들이 충돌하는 곳에 '다툼'과 '원망'이 생겨납니다. 파병생활에서 작전 중의 텔레반의 위협도 위협이지만, 무엇보다도 항상 나를 위협하는 적은 바로 나 자신임을 깨닫습니다. 자기 다스림! 이것이 파병의 승패를 좌우하게 될 것입니다.

신병교육대에서도 신병들에게 가장 많이 가르치는 덕목이 바로 '인내(忍耐,참을 인, 견딜 내)'입니다. 즉 '인내'란 '참고 견디는 것'을 말합니다. '참을 忍'자를 보면 내 마음에 칼을 들이대는 순간, 또는 내가 칼로 상대방을 해하고 싶은 그 순간! 그것을 참는 것이 '인'이라는 것입니다.

고린도전서 13장에 보면 사랑의 시작은 '오래 참고', 사랑의 중간은 '모든 것을 참으며', 사람의 마침은 '모든 것을 견디느니라'고 말씀합니다. 즉 인내 없이는 온전한 사랑을 이룰 수 없습니다. 인내 없이 아름다운 삶의 열매를 맺을 수 없습니다. 참을 수 없는 일이 지금 내 삶 가운데 있습니까? 주님의 십자가의 '인내'를 묵상해 보시지 않겠습니까?

"지식에 절제를, 절제에 인내를, 인내에 경건을" (벧후 1:6)

"인내는 연단을, 연단은 소망을 이루는 줄 앎이로

다.”(롬 5:4)

“인내를 온전히 이루라. 이는 너희로 온전하고 구비하여 조금도 부족함이 없게 하려 함이라.”(약 1:4)

“보라 인내하는 자를 우리가 복되다 하나니”(약 5:11)

“너희의 인내로 너희 영혼을 얻으리라.”(눅 21:19)

“여호와 앞에 잠잠하고 참고 기다리라. 자기 길이 형통하며 악한 꾀를 이루는 자 때문에 불평하지 말지어다.”(시 37:7)

“그러므로 형제들아 주께서 강림하시기까지 길이 참으라. 보라 농부가 땅에서 나는 귀한 열매를 바라고 길이 참아 이른 비와 늦은 비를 기다리나니 너희도 길이 참고 마음을 굳건하게 하라. 주의 강림이 가까우시니라.”(약 5:7~8)

은혜의 비

아프간 바그람 기지는 평원 가운데 세워졌습니다. 때문에 먼지를 동반한 바람도 많을 뿐 아니라 주도로에 수없이 다니는 차들이 일으키는 먼지 바람은 호흡을 곤란하게 할 뿐 아니라 우리 군의 주둔지까지 다녀오면 옷은 먼지로 가득하게 됩니다.

2011년 8월 5일 목요일! 온종일 기지 안에 비가 내렸습니다. 이곳에서는 못 볼 줄 알았던 비였습니다. 우기가 아닌 건기이기에 비가 오는 것은 흔한 일이 아니었습니다. 비를 보면서 얼마나 반가웠는지…….

뿌옇던 먼지는 찾아볼 수 없고, 도로에는 빗물이 고였습니다. 부대 안의 공기는 모처럼 맑고 깨끗하여 마음껏 들이킬 수 있었습니다.

'아! 이렇게 비가 소중한 것이구나!'

동시에 머리를 스쳐 가는 생각 하나를 붙잡았습니다.

"주님! 이 아프간 땅에 은혜의 비가 내려 강물처럼 흐르게 하소서! 그래서 지금의 테러와 전쟁, 혼란과 무질서! 불신앙과 우상을 씻어 주옵소서!"

짝퉁 Vs 명품

아프간 바그람 기지 안에 현지인들이 운영하는 상점이 있습니다. 그 상점 안에는 소위 짝퉁(Fake) 시계가 있습니다. 상점 주인에게 "이거 짝퉁이냐?"고 물으면 "그렇다!"라고 당당하게(?) 대답합니다.

우리가 사는 세상에는 모조품도 있고, 진품도 있습니다. 짝퉁도 있고, 명품도 있습니다. 아무리 단속을 해도 끊임없이 만들어지는 것이 '짝퉁' 상품이고, 한국에서 만들어 내는 짝퉁은 그 실력이 거의 '진품' 수준이라고 말합니다.

중국에서는 짝퉁을 '산채'(山砦) −산도적들의 은신처−라고 합니다. 산채는 짝퉁보다 진일보하여 거의 진품과 다름없으며 어떤 경우에는 진품보다 더 좋은 경우도 있다고 하니 혀를 찰 노릇입니다.

그러면 짝퉁과 진품은 어떤 차이가 있을까요?

첫째로 정신의 차이가 있습니다. 짝퉁을 만드는 사람은 자신이 가짜를 만든다는 생각이 있지만, 명품을 만드는 사람에게는 '장인 정신'이 있습니다.

둘째로 가치의 차이가 있습니다. 위조지폐 만 원과 진짜 만 원은 겉으로 볼 때 잘 모르더라도 그 차이는 사용하고자 할 때 분명히 드러나게 됩니다. 바그람에서 파는 짝퉁 시계도 겉모양은 같지만 성능은 똑같지 않습니다. 결국 명품은 겉모양만 같다고 해서 명품이 아니라 그 성능을 발휘해서 그 가치를 인정받아야 명품인 것입니다.

그렇다면 오늘 우리 크리스천들의 모습은 어떤 모습일까요? 짝퉁 크리스천일까요? 명품 크리스천일까요? 짝퉁 크리스천과 명품 크리스천은 평상시에는 구별이 잘 되지 않습니다. 그러나 고난이 닥칠 때나 헌신의 순간에는 선명하게 드러나는 법입니다.

"당신은 어느 쪽입니까?"

천국 청문회

'언행일치'(言行一致)란 말이 있습니다. 말하는 것과 행함이 같아야 한다는 것입니다. 그러나 이 말을 실천하고 사는 것은 참으로 어려운 일입니다.

정부에서 개각을 할 때면 입각 후보자들에 대한 '청문회'가 열립니다. 장관 후보자의 지나온 삶의 행적들이 낱낱이 언론에 공개됩니다. 그 후보자의 머리가 얼마나 좋은가 아니면 가슴이 따뜻한 사람인가의 문제를 따지는 것이 아니라 그 후보가 어떤 삶을 살았느냐는 것에 대하여 집중적으로 사실관계를 따지고 있습니다. 물론 청문회에서 후보자에 대한 날카로운 잣대를 들이대는 질문자라도 그 동일한 질문을 자신에게 들이댄다면 어떨지 모를 일입니다.

비단 고위 공직자만 '청문회'의 대상이 되는 것이 아닙니다. 우리도 언젠가 주님 앞에 서는 날에 우리의 삶을 '결산'하는 '천국 청문회'에 참석하게 될 것입니다. 세상에서 열리는 청문회는 혹 사람들이 미처 파악하지 못하거나 사람들의 눈을 피하고 숨길 수 있는 삶의 오류들이 있을지 모르지만 하나님 앞에서는 실오라기 하나라도 결코 숨길 수 없음을 알아야 합니다.

아담과 하와는 '하나님의 낯을 피하여' 동산나무 사이에 숨었고, 요나 선지자도 배 밑에 숨었지만 하늘과 땅과 바다 어디에도 하나님의 낯을 피할 수 있는 곳은 없습니다. 세상은 머리가 좋다거나 따뜻한 마음을 가진 것만으로 살아갈 수 없습니다. 머리에서 가슴까지가 30Cm이지만 그 가슴에서 발까지는 140Cm 정도 됩니다. 물론 머리에서 가슴까지 내려오는 것도 쉬운 일은 아니지만 오늘 주님께서 우리에게 원하시는 것은 날카로운 지성으로 시작하여 따뜻한 가슴을 품고 사랑의 발로 살아가는 것이 아닐까요? 하나님께 가까이 가는 길은 어쩌면 내 머리에서 가슴을 지나 발로 행하는 길로 통하는 것이 아닐까요? 목회 현장에서 가슴 아프게 듣는 말 중에 하나가 '그 사람 때문에 교회 안 간다'는 것입니다. 그래서 이런 말이 듣고 싶다면 저의 욕심일까요?

"그 분의 믿음과 삶에 감동되어 나도 교회 갑니다."

내려놓음

　　미군 **PX**에서 전자손목시계를 하나 샀습니다. 그런데 방을 이사하면서 어디론가 사라져 버렸습니다. 분명 어딘가에 있을 텐데 아무리 찾아도 눈에 보이지 않습니다. 시계를 찾으면서 문뜩 깨닫습니다.

　　"오늘도 하나님은 잃은 영혼 하나를 안타까운 마음으로 찾고 계실 텐데……."

　　또 하나 깨달은 것은 저는 시계를 살 수 있는 능력은 있지만 설계하거나 만들 수 있는 능력은 없다는 것입니다. 분명 시계는 설계자가 있고, 만든 자가 있습니다. 그런데 이상하게도 시계가 저절로 만들어졌다고 믿는 사람은 없지만 시계보다도 더 정교한 온 우주만물이 저절로 생겼다고 믿는 것은 어찌된 일일까요? 분명한 사실은 내가 우주만물을 작은 머리로 다 파악할 수 없다는 것과

이 우주만물을 창조하신 하나님께서 존재하신다는 사실
입니다. 그래서 성경의 처음은 이렇게 시작합니다.

"태초에 하나님이 천지를 창조하시니라"(창 1:1)

인생은 이 구절을 믿는 자와 믿지 않는 자로 나누
어집니다. 우리의 믿음은 헛된 것이 아니라 이처럼 어마
어마한 우주의 역사적 사실을 믿는 것입니다. 분명한 것
은 우주의 창조주와 주인은 하나님이시라는 것입니다.
더 놀라운 것은 그 하나님께서 우주의 주인으로서 영광
된 자리를 비우시고 이 땅에 사람으로 오셨다는 사실입
니다. 하나님께서 하늘보좌를 '내려놓음'과 십자가의 '자
기 비움'을 통해 우리에 대한 하나님의 무한한 사랑을 보
여 주셨습니다.

아프간 전개 후 두 달을 지나면서 깨닫는 것은 한국
에 두고 온 수많은 물건들, 집, 차, 책, 옷 등이 없어도
사는 데 아무 지장이 없다는 사실입니다. 구입했던 시계
를 못 찾아도 사는 데 큰 문제가 없고 가족들이 그리운
것만 빼고는 내가 소유했던 모든 것이 아무 것도 아님을
깨닫습니다. 이곳 바그람 기지에서 그동안 내 소유라고
생각했던 것들을 '내려놓는' 연습을 합니다.

어차피 우리가 세상에서 영원히 소유할 수 있는 것
은 예수 그리스도 외에는 아무것도 없으니까요!

땀과 훈련

새벽 5시에 상무대의 동북유격장으로 출발하여 육군훈련소에서 열심히 훈련 중인 생도들을 위문하고 돌아왔습니다.

유격장에서는 한 여생도가 무릎 인대가 파열되어 보조기구를 착용하고 있었고, 아픈 무릎에 손을 얹고 기도했더니 "목사님! 기도 받고 싶었어요!"라고 눈물을 보입니다. 시원한 팥빙수 하나씩을 손에 들고 싱글벙글 기뻐하는 모습은 마치 어린아이와도 같습니다. 잠깐의 만남과 격려를 통해 환호성을 지르는 생도들을 보니 피곤함도 사라져 버립니다. 곳곳에서 땀 흘리고 있는 생도들! 장차 조국 대한민국의 미래인 저들을 보고 있노라면 가슴이 벅차오릅니다.

누가 행복한 인생일까요? 땀 흘릴 수 있는 사람입니다. 밭의 농부가 되었든, 바다 한가운데의 어부가 되

었든, 공사장의 인부가 되었든, 회사의 사무원이 되었
든, 각자 흘리는 땀방울만큼 행복할 것입니다. 그러므
로 땀의 가치! 훈련의 가치를 알지 못하는 사람은 훈련
을 거부할 것입니다. 왜냐하면 훈련이 너무 힘들고 어렵
기 때문입니다.

이런 생각을 해 보았습니다.

"땀 흘리지 않고 훈련할 수는 없나?"

"없습니다!"

땀 흘림 없는 훈련은 훈련일 수 없고, 그런 훈련은
열매를 거둘 수가 없을 것입니다. 열심히 일한 만큼, 그
리고 땀을 흘린 만큼, 가깝게는 한 끼의 식사가 맛있을
것이요, 자신 앞에 다가오는 미래가 아름다운 열매로 풍
성하게 될 것입니다.

에벤에셀

신병교육대 교회의 프로젝터는 밝기가 약해서 잘 보이지 않아 마음 한구석이 늘 답답했었습니다. 그것을 위해 기도했습니다.

드디어 반가운 전화가 왔습니다. 지난 세례식 때 후원해 주신 갈보리교회 안 권사님이 목적 헌금을 해서 그 교회에서 프로젝터 두 대를 설치해 준다고 합니다. 이제 신교대 교회 좌우측에 선명한 화면 두 개를 동시에 띄울 수 있습니다. 병사들이 얼마나 보기 좋을까요! 헌신해 주신 권사님께 우리 하나님의 더 큰 갚아 주심이 있기를 기도합니다.

우리 하나님은 우리를 도우시는 하나님, 즉 에벤에셀의 하나님이십니다(삼 7:12). 삶의 전 영역에 걸쳐 우리가 하나님의 선하고 아름다우신 도움을 기대하며, 거룩한 간섭을 요청할 때마다 하나님은 언제나 돕기를 즐겨하시는 분이십니다. 그런데 참 이상한 것은 우리 하나님은 하나님의 일을 우리를 통해서 하신다는 것입니다. 하나님 자신이 하면 될 일을 왜 우리를 통해서 하실까요?

바로 그것이 우리를 지으신 목적이기 때문입니다. 하나님은 우리가 하나님의 일에 참여할 때 우리의 모습을 보고 기뻐하시며 우리를 통해 하나님의 영광을 드러내고, 우리로 하여금 하나님의 영광에 참여하게 하시는 것입니다.

하나님은 오늘도 우리를 도우셔서 하나님의 선하고 아름다운 구원사역을 이루어 나가시며 우리로 하나님의 영광에 참여하게 하신다는 사실입니다. 이것이 바로 우리가 누릴 수 있는 최대의 행복이요, 은혜요, 감사요, 영광인 것입니다.

하나님께서는 자신의 의를 위하여 하나님의 일을 감당하고자 하는 자에게 결코 그 은혜와 도우심을 중단하지 않는 분이십니다. 할렐루야!

형제입니까?

해마다 열리는 6.25 상기 구국성회! 1만 2천여 명의 장병들이 어려운 가운데 나라와 군을 위하여 뜨겁게 기도하며 하나님의 은혜를 사모하는 것은 세계 어느 곳에서도 볼 수 없는 대한민국 군대의 특별한 집회입니다.

그런데 아쉬운 점이 하나 있습니다. 너도 나도 서로 자리를 맡아 놓고 다른 분들이 앉는 것을 막는 모습입니다. 좋게 보아 은혜 받겠다는 순수한 열정이라고 생각할 수도 있지만 다른 한편으로는 다른 형제자매에 대한 배려는 없고 나 중심적인 신앙의 모습에 씁쓸함도 느끼게 됩니다.

그저 다른 사람은 아랑곳하지 않고 나만, 내 교회만 은혜를 받겠다는 마음입니다. 그런 마음에 정말 하나님의 은혜가 임하는지 아니면 자신들의 감정의 파도만을 일으키고 가는지 모르겠습니다.

오늘 세상 사람들이 기독교인을 욕하는 이유 중의 하나는 소위 '무례한 기독교'에 관한 것입니다. 함께 형제자매라고 고백도 하고 찬양도 하지만 정말 예배당 안에서의 모습은 형제자매라고 말하기 부끄러운 모습입니다.

은혜를 받는 것도 중요하지만 받기 위한 그 과정도 중요한 것이 아닐까요? 주 안에서 형제요 자매된 이들을 모른 체하고 배타시하고 그저 자신만이 은혜 받겠다는 모습이 하나님께서 원하시는 모습일까요? 과연 이런 마음과 태도를 가진 이들에게 하나님께서 은혜를 주실까요? 단순하게 정말 단순하게 예배당에 들어오는 순서대로 앉으면 안 될까요?

얼굴을 모르고, 만나 본 적이 없으면 형제가 아닐까요?

이 질문에 대답을 해 주세요!

제3부
한 영혼을 생명책에!

목회의 본질은

한 영혼을 구원하는 것입니다.

모세는 죄로 인해

하나님의 진노가 백성들에게 내려지자

자신의 이름이 생명책에서 지워지더라도

자기 동족을 구원해 달라고 간구하였습니다.

바울은 동족 유대인의 구원을 위하여

자신이 저주를 받아 그리스도에게서 끊어질지라도

원하는 바라고 증언했습니다(롬 9:2).

한 생명을 향한 저들의 열정이 느껴집니다.

목사의 거짓말

목회를 하다 보면 '기도'에 관한 부탁을 많이 받습니다.
'목사님! 기도해 주세요!'

기도 부탁을 한다는 것은 목사가 기도하는 사람임을 인정하는 것이니 얼마나 감사한 일인지 모릅니다. 문제는 그 다음부터입니다. 기도 부탁을 받고 "네!"라고 대답을 해 놓고 기도를 하지 못한 적도 많고 잊어버린 적이 많습니다. 간곡히 기도 부탁을 하는 성도를 향해서 어느 목사가 "아니요"라고 대답하겠습니까?

결국 기도해 주겠다는 약속을 하고 하나님과 그 성도님께 '거짓의 죄'를 지은 것입니다. 살면서 자의든 아니든 간에 제가 한 많은 거짓말 중 1위는 '기도해 주겠다'는 것입니다. 너무 쉽게 약속해 놓고 지키지 못한 것을 회개합니다.

기도 부탁을 하는 사람이나 받는 사람이나 '기도'에

관한 진정성은 사라진 채 일종의 '인사치례(致禮)'로 주고받는 것입니다. 그러한 것에 익숙해져 "기도해 주세요!", "네!"라고 서슴없이 기도를 부탁하고, 대답을 하지만 정말 그 부탁 받은 대로 진정성을 갖고 책임감 있게 '기도'를 하는 이들이 얼마나 될까요? 기도를 '인사대용품' 정도로 생각하고 주고받는다고 하면 그것이야말로 '회개'할 일입니다. 그러므로 기도 부탁을 하는 사람이나 받는 사람 모두 서로 간에 진정성 있는 대화를 하여야 할 것입니다. 그래서 조금은 까칠한 느낌이 있어도 성도들로부터 기도 부탁을 받으면 앞으로는 이렇게 대답할 것입니다.

"생각날 때 하겠습니다."

안 한다고 하면 섭섭할 것이고, 또 하겠다고 마냥 대답해 놓고 하지 않는 '약속 위반 죄' 그리고 '거짓의 죄'를 짓지 않기 위해서입니다. 물론 "기도하겠습니다!"라고 대답했다면 반드시 그분을 위하여 중보기도 하겠습니다.

무엇에 이끌립니까?

유명 연예인이 필리핀에서 도박을 하다 연예계 및 TV에서 퇴출되었고, 또 한 사람은 병역비리로 퇴출되었습니다. 한 사람은 '도박'에 이끌려, 또 한 사람은 비리에 이끌려 결국 자신의 인생을 망치고 말았습니다.

그렇다면 오늘 나는 무엇에 이끌려 살고 있습니까? 교육철학자 '루소'는 '사람이 무엇에 이끌려 사느냐?'는 질문에 이렇게 대답했습니다.

어릴 적에는 과자에 이끌려 살고,
20대에는 연인에 이끌려 살고,
30대에는 쾌락에 이끌려 살고,
40대에는 야심에 이끌려 살고,
50대에는 탐욕에 이끌려 산다.
오늘 나를 이끌고 있는 것은 무엇입니까?

돈, 명예, 권력, 도박, 마약, 술, 담배, 성, 쾌락 등등.

위의 쓰인 단어들 뒤에 '중독'을 붙여 보세요! 결코 아름다운 단어가 될 수 없습니다.

청년의 때에 창조주 하나님께 이끌리는 인생을 살아간다면 그 인생은 아름답고 복된 삶이 될 것입니다. 그 증거를 성경에 나오는 무수한 믿음의 선조들이 보여 주고 있으며 또한 우리 주변에 많은 믿음의 동역자들이 보여 주고 있지 않습니까?

사람이 무엇이든지 이끌림 받는 그것 때문에 자신의 인생이 결정됩니다. 그리스도인의 삶이란 '하나님께 이끌리는 삶!'입니다. 아! 오늘도 하나님께 이끌림 받는 삶이 되기를 소망합니다.

중보기도의 힘

목사로 살면서 남에게 기도를 부탁하는 사람이 아니라 기도해 주는 사람으로 기도 부탁을 받고 살았습니다. '중보기도'의 중요성을 가르치기는 했지만 실제로 제 자신을 위해 '중보기도'해 달라고 한 적은 많지 않았습니다.

2010년 12월 28일! 아프간 파병을 마치고 귀국한 후 감사한 마음을 가진 모든 분들에게 인사를 드리기도 전에 많은 분들로부터 무사히 귀국함을 축하하는 전화를 받았습니다.

서울, 일산, 춘천, 인천, 대전, 부산, 제주도 등 전국에서 걸려온 전화를 받으며 '아! 이렇게 나를 위해 기도해 주는 분들이 많았구나!'라는 사실을 깨닫게 되었습니다. 아프간 바그람 기지에 있을 때 수차례의 탈레반 공격이 있었음에도 마음이 든든하게 하나님의 보호하심을 진하게 느낄 수 있었던 것은 바로 이분들의 '중보기도’ 때문이었음을 뒤늦게 알았습니다. 이러한 체험을 통해서 ‘중보기도’가 얼마나 중요한지 체험적으로 깨닫는 기회가 되었습니다. 앞으로 ‘중보기도’ 부탁을 겸손히 해야 하겠습니다. 연약하고 부족한 사람이 목회를 감당하는 것은 보이지 않는 곳에서 저를 위해 많은 분들의 ‘중보기도’ 덕분입니다.

오늘 누군가에게 자신을 위해 ‘기도’ 부탁을 할 수 있는 사람이 있습니까? 아니면 누군가에게 ‘중보기도 부탁’을 받았습니까? 그렇다면 당신은 행복한 그리스도인입니다.

목회자를 위한 기도

목회 현장에서 빠지지 않는 것이 성도님들이 목사를 위하여 기도하는 것입니다. 새벽 기도, 수요 예배, 주일 예배에서 목회자를 위한 기도는 예외 없이 들어 있습니다. 그만큼 목회자가 중요하기 때문일 것입니다. 그런데 그 기도의 내용은 대부분 이런 것입니다.

"목사님의 앞길이 형통하고, 강건하게 하시고, 가정이 화평하고, 자녀들이 복을 받고……."

그리고 혹 진급해야 하는 시기에는 "우리 목사님 진급되어 군에서 더 크게 쓰임 받게 하시고……."

정성어린 기도에는 감사하지만 대부분이 목회자 자신의 안위만을 위한 기도 같아 계면쩍고 얼굴이 후끈거리기도 합니다. 이러한 기도를 들으면서 목사를 위한 기도를 어떻게 하면 좋을까 고민하고 묵상했습니다.

첫째, 예수님을 잘 믿는 목사가 되게 해 주소서!

왜냐하면 목사가 예수님을 잘 믿지 못하는 경우도 보았기 때문입니다. 그리고 스스로도 예수님을 잘 믿는 목사인지 때로는 부끄럽기 때문입니다. 故 한경직 목사님께서 평소 후배 목사들에게 늘 말씀하신 것이 "목사님들 예수 잘 믿으세요!"였다고 합니다. 정말 목사는 뭐니 뭐니 해도 예수님을 잘 믿어야 합니다. 사역은 그 다음에 따라 오는 것입니다.

둘째, 신령한 목사가 되게 해 주소서! 신령한 목사란 비단 이적이나 기적을 베푸는 것을 말하는 것이 아닙니다. 목회자는 늘 성령님의 충만함 속에 살아야 합니다. 가끔씩이 아니라 1년 365일 성령 충만해야 합니다. 성도들의 가슴을 감동, 감화시키는 것은 성령님의 역사가 없이는 불가능합니다. 이것이 신령한 것입니다. 하나님의 거룩하심을 덧입지 않는 목회란 것은 결국 하나님 얼굴에 먹칠하고, 교회 얼굴에 먹칠하는 '먹회'밖에 될 수 없기 때문입니다.

셋째, 말씀 잘 전하는 목사가 되게 해 주소서! 목사가 아무리 좋은 은혜를 가슴에 담고 있어도 그것을 잘 전달하지 못하면 아무런 감동과 역사가 일어나지 않습니다. 말씀을 잘 전하는 목사가 되는 것은 결코 욕심이 아니라 하나님께서 원하시는 일일 것입니다. 말씀을 잘 전하는 것은 화술이 좋은 것을 의미하는 것이 아니라 하나님께서 원하시는 말씀을 그대로 운반하여 성도들에게 전달하는 것을 말합니다. 그래서 그 말씀을 받은 성도들이 삶의 양식으로 삶아 하나님께 영광의 삶을 살아가는 것입니다.

넷째, 하나님을 기쁘게! 성도를 행복하게 하는 목사가 되게 해 주소서! 사도 바울은 "내가 하나님을 기쁘게 하랴? 너희를 기쁘게 하랴?"라고 물으며 스스로 결단하였습니다. 진정한 주의 종이라면 마땅히 하나님을 기쁘시게 하는 사역이 먼저입니다. 목사가 하나님이 기뻐하시는 삶을 산다면 당연히 성도들을 행복하게 하는 목사가 될 것입니다.

다섯째, 사랑이 충만한 목사가 되게 해 주소서! 아무리 금쟁반에 옥구슬 같은 설교를 쏟아 내어도 사랑이 없는 설교, 사랑이 없는 기도, 사랑이 없는 목회는 건조할 수밖에 없습니다. 저에게 있는 사랑이란 보잘 것 없어 때로는 저 자신조차 사랑하기 힘이 듭니다. 오늘도 십자가의 사랑으로 부으심을 입어 그 사랑을 유통하는 사랑이 충만한 목사가 되기를 원합니다. 성도들을 자신의 부모, 형제, 자매, 자식처럼 사랑할 줄 아는 목사라면 얼마나 성도들이 얼마나 행복할까요!

　여섯째, 성도들의 본이 되는 가정되게 해 주소서! 어떤 이들이 잘못 알고 있는 것처럼 카톨릭 신부가 술이나 담배를 하는 대신 결혼을 안 하고, 목사가 가정생활을 하기에 술과 담배를 안 한 것은 아닙니다. 루터 신부가 종교개혁을 하면서 '본 카테리나'라는 수녀와 결혼한 것은 '결혼'이 하나님의 거룩한 뜻을 받들기 위함임을 깨달았기 때문입니다. 그러므로 목사는 믿음의 가정을 세워 성도들에게 아름다운 가정의 본이 되어야 합니다.

　마지막 기도는 성도님들이 목사의 형편을 살펴 기도하는 것입니다. 적어도 교회의 중직자라면 목회자의 형편을 살펴 그 필요를 위해 기도해 주어야 합니다. 왜냐하면 목회자가 행복할 때 행복한 목회를 할 것이요, 성도들도 행복해지기 때문입니다.

보이는 믿음 Vs 보이지 않는 믿음

하나님은 세상에 소중한 가치는 보이지 않게 하시고 사람의 마음 속에 넣어 주셨습니다. 사랑, 평화, 우정, 진리, 은혜, 소망 등 세상은 이런 것들이 많을 때 아름다워지고 이런 것들이 파괴되어질 때 고통이 따라 옵니다.

'믿음'도 마찬가지입니다. '믿음'은 눈에 보이지 않습니다. 그런데 이렇게 보이지 않는 믿음을 통하여 우리는 구원받았으며, 하나님의 자녀가 되는 특권을 누리게 되니 참으로 귀하고 귀한 가치가 아닐 수 없습니다. 이런 믿음이 굳건하게 세워질 때 우리의 삶은 아름답고, 향기 나며, 풍요로워집니다.

그런데 이러한 믿음은 눈에 보이지 않지만 동시에 진정한 믿음은 눈에 보여야 합니다.

우리가 하나님을 믿는다는 것은 지상에서 하늘로

향하는 수직적인 것만을 의미하는 것이 아닙니다. 하나님을 향한 그 믿음이 진실한 믿음이라면 믿음은 다시 하늘에서 지상으로 투사되어야 합니다. 하나님과의 수직적인 관계에서 형성된 믿음은 곧 사람들 사이의 수평적 관계에서 그 위력을 발휘합니다. 그 보이는 믿음을 통해 살아계신 하나님을 증거하게 됩니다. 그렇게 하나님은 우리의 삶 가운데 믿음을 그려 내기를 원하십니다.

기도를 열심히 하고, 찬송을 열심히 하고, 교회에 열심히 다니는 것이 믿음을 강화시키는 방법일 수 있지만 그것 자체가 '믿음'의 전부는 아닙니다. 믿음이 우리의 삶 가운데 드러날 때 진정한 믿음이 되는 것입니다.

삶이 흐르는 강물이라면, 믿음은 그 강물 위를 지나가는 '배'입니다. 강물만 있을 수도 있고, 배만 있을 수도 있습니다. 그런데 강물(삶)과 배(믿음)가 만나면 거기서 아름다운 사랑 이야기도, 여행의 행복도, 일의 기쁨도 그 배 위에서 맛볼 수 있습니다.

오늘 삶의 강물 위에 믿음의 배를 띄워 보시지 않겠습니까?

예수가 시작이다!

'시작이 반이다'라는 말이 있습니다. 반만 잘하면 마무리할 수 있는데 사람들은 그 반에서 무너지고 포기하고 맙니다.

왜 그럴까요? 시작이 잘못되었기 때문입니다. 그 시작을 어떻게 하느냐가 중요합니다. 내가 시작하면 힘들고 어려운 일이 생기면 언제든지 포기할 수 있습니다. 그러나 시작이 예수님이라면 이야기는 달라집니다. 시작이 예수님이면 결코 포기하는 일이 없습니다. 왜냐하면 주님께는 절망이나 포기나 할 수 없는 일이 없기 때문입니다. 그러므로 주님께서 시작하시면 마침도 주님께서 하십니다. 나의 시작은 누구에게 있습니까?

자기 비움 Vs 자기 채움

대부분의 사람들은 산과 바다를 좋아합니다. 그 앞에서는 욕심을 부릴 수 없기 때문이 아닐는지요! 우리는 너무 많은 것을 채우기 위하여 노력합니다. 물질, 명예, 계급, 재산 등을 채우기 위하여 분주히 노력합니다. 그것이 잘못된 일은 아닐 것입니다. 그러나 그것은 삶의 수단일 뿐 진정 내 안에 채워져야 할 것은 아닙니다.

사람들은 타인 앞에서 자랑하기를 좋아합니다. 그런데 무엇을 자랑합니까? 내가 가지고 있는 것을 자랑하려고 합니다. 그러나 진정 자랑거리는 바로 자기 자신이 아닐까요? 자기 자신을 소중히 여기고 복된 존재로 여기는 사람은 바로 자신의 존재 그 자체를 자랑하여야 합니다. 자기 존재를 자랑할 것이 없으니까 자기가 가지고 있는 것, 자기를 채우고 있는 것을 자랑하려고 하는 것입니다. 삶의 많은 걱정들은 사실 너무 많이 비어서 하

는 것이 아니라 너무 많이 채우고 있기 때문에 걱정을 하는 것입니다

  신앙생활이 무엇일까요? 그것은 자기를 비우는 것입니다. 그래서 많은 종교인들이 자기를 비우려고 합니다. 이러한 자기 비움을 추구하는 것은 모든 종교의 공통점이라고 할 수 있습니다. 그러나 신앙생활은 자기 비움에서 시작하지만 비움으로 끝나는 것이 아닙니다.

  유리컵에 음료수가 비워지면 아무것도 담겨 있지 않은 것이 아니라 보이지 않는 공기가 담겨져 있는 것입니다. 이 공기는 다른 물질이 들어갈 때 비로소 자리를 양보합니다.

  사람들은 자기를 비우려고 애를 씁니다. 종교인들이 자기를 비우는 것이야말로 '신앙의 극치'라고 소리를 높입니다. 그렇습니다! 비움이 없이는 아무것도 채울 수 없습니다. 하나님께서는 하나님의 자리를 비우셨습니다. 그러나 하나님의 비움은 비움 자체에 목적이 있는 것이 아닙니다. 하나님의 자기 비움은 그 백성들을 향한 사랑의 비움이었습니다. 하늘의 영광 보좌를 비우시고 대신 그 자리에 십자가의 고난으로 채우셨습니다. 영광의 자리를 비우지 아니하고는 십자가를 채울 수 없기 때문입니다.

오늘도 십자가 앞에 서서 자기 비움을 위하여 기도합니다. 온갖 것으로 채워져 있는 심령을 깨끗하게 비움 받기를 원합니다. 그리고 비워진 심령 안에 예수 그리스도로 충만히 채움 받기를 원합니다. 오늘도 비우지 못하여 채움 받지 못하는 사람들이 많이 있습니다. 비웠지만 무엇을 채울지 몰라 다시 쓰레기 같은 것들로 채우시는 사람들이 많이 있습니다.

나를 비우십시오! 그리고 그 빈 공간에 예수 그리스도로 채우십시오! 그것이 믿음의 본질입니다!

 # Revival

　부흥의 파도를 소망합니다. 신학교에서 '교회성장학'이란 과목이 있습니다. 어떻게 하면 주님의 몸된 교회가 성장할 수 있는지를 연구하는 과목입니다. 교회성장을 위해서 다양한 전도와 선교전략들이 소개됩니다. 그런데 정작 성경에는 교회성장이라는 관점보다 '부흥'이 소개되어 있습니다.

　초대교회는 성장한 것이 아니라 폭발적인 부흥의 역사가 있었습니다. 성장과 부흥이 다른 것이 아니라 궁극적으로 하나님 나라의 확장이라는 공통의 목표를 추구하고 있다고 생각합니다. 성장은 사람의 관점을 강조한 것이요, 부흥은 하나님의 관점을 강조한 것이라고 생각합니다.

　사람의 방법에는 한계가 있습니다. 그러나 하나님의 방법에는 한계가 없습니다. 사람은 홍해를 감히 건널

꿈조차 꾸지 못했지만 하나님은 홍해를 갈라서 이스라엘 백성을 건너게 하셨습니다.

부흥은 사람의 생각과 방법에 의존하는 것이 아니라 하나님의 생각과 하나님의 방법을 의지하는 것입니다. 2006년 7월 13일 서울 상암동 월드컵 경기장에서는 미국 새들백교회의 '릭 워렌' 목사님을 주강사로 한국교회의 부흥을 위한 '성회'가 열렸습니다. 대회를 준비하는 사람들은 홍보시간도 짧았기 때문에 성도들이 얼마나 모일까 하는 의구심을 가졌다고 합니다. 그런데 놀랍게도 한국교회 역사상 가장 짧은 준비 기간과 홍보 기간에도 불구하고 10만 명이 모였다고 합니다. 모두들 깜짝 놀라워하며 하나님께 영광을 돌렸습니다. 이처럼 부흥은 우리의 생각과 수준을 뛰어넘는 하나님의 방법입니다.

1907년 평양에 한국 초대교회의 부흥의 역사가 일어난 지 100년이 되어 가고 있습니다. 이제 다시 하나님의 부흥의 파도를 소망합니다. 우리는 파도를 일으킬 수 없지만 그 위에서 서핑을 할 수 있습니다. 파도는 하나님께서 일으키십니다. 그 부흥의 파도 위에서 마음껏 영혼 구원의 서핑을 즐기기를 소망하며 기도합니다.

"부흥의 파도여! 교회를 덮을지어다!"

예수님의 주특기

교회 성도들이 가장 부담스럽고 하기 싫어하는 것이 무엇일까요? 그것은 바로 '전도'입니다. 어떤 이는 "목사님 교회봉사도 하고 헌금도 잘할 테니 나에게 전도하라는 말씀만은 하지 말아주세요!"라고 하기도 합니다. 그만큼 전도는 부담스러운 일(?)인가 봅니다. 목사인 나도 한때는 전도하는 것이 어렵다고 생각했고, 또 나는 목사이니까 말씀만 잘 전하면 된다고 생각한 적도 있었습니다. 그러나 그것은 어리석은 생각이었습니다. 전도는 주님께서 믿는 모든 자들에게 부탁하신 것이 아니라 명령하신 것입니다. 예수님께서 이 세상에 오신 목적도 '전도'하기 위함이었습니다. 하나님을 떠난 백성들을 다시 하나님께로 회복시키는 것이 주님께서 오신 거룩한 목적이었습니다.

"이르시되 우리가 다른 가까운 마을들로 가자 거기

서도 전도하리니 내가 이를 위하여 왔노라 하시고”(막 1:38)

“갈릴리 여러 회당에서 전도하시더라.”(눅 4:44)

“예수께서 열두 제자에게 명하시기를 마치시고 이에 그들의 여러 동네에서 가르치시며 전도하시려고 거기를 떠나가시니라.”(마 11:1)

주님의 주특기는 바로 ‘전도’였습니다. 그렇다면 우리는 주님의 제자이기 때문에 우리의 주특기도 ‘전도’여야 하지 않을까요? 그러나 우리는 왜 ‘전도’를 두려워하고 하기 어렵다고 생각하고 하기 싫어할까요? 바로 전도를 나 혼자 해야 한다고 생각하기 때문입니다.

사도행전 1장 8절을 보세요!

“오직 성령이 너희에게 임하시면…….”

그렇습니다! 전도는 나 혼자 하는 것이 아니라 성령께서 내 안에 임재하시면 전도할 수 있게 됩니다. 결국 전도하기 어려워하는 이유는 내 안에 성령의 기름 부으심이 없다는 증거입니다. 성령과 함께하는 사역이라면 세상에 두려워할 일이 없지 않을까요?

혹시 내 선입견으로 ‘저 사람에게 전도한다고 교회에 나올까? 아니야, 씨알도 안 먹힐 걸!’이라고 미리 포기한 사람은 없습니까?

지금도 내가 알지 못하는 어떤 용기가 부족한 이들은 "함께 교회 가자!"는 권유를 기다리고 있다는 것을 알아야 합니다. 전하는 것은 나의 몫이요, 받아들이거나 받아들이지 않는 것은 받는 그의 몫이니 그것까지 내가 책임질 필요는 없습니다.

"너는 말씀을 전파하라. 때를 얻든지 못 얻든지 항상 힘쓰라. 범사에 오래 참음과 가르침으로 경책하며 경계하며 권하라."(딤후 4:2)

복음 법칙

우리가 전도하기 위해서는 두 가지 전제 조건이 필요합니다. 성령의 충만함을 받는 것입니다.

"오직 성령이 너희에게 임하시면 너희가 권능을 받고……."(행 1:8)

성령이 우리에게 임하면 우리는 권세와 능력을 행하게 됩니다. 그것은 우리의 권세가 아니라 예수님의 권세와 능력입니다. 우리가 전하는 복음은 바로 예수 그리스도를 전하는 것입니다. 그러므로 주님께서는 우리가 전하고자 할 때 우리에게 필요한 것을 공급해 주시는 분입니다.

"예수께서는 열두 제자를 불러 모으사 모든 귀신을 제어하며 병을 고치는 능력과 권위를 주시고"(눅 9:1)

그 다음에는 내가 전하고자 하는 복음이 무엇인지 알아야 합니다. 많은 성도들이 수년간 교회를 다녔음에도 불구하고 '복음이 무엇이냐?'고 물으면 적지 않게 당황하는 것을 보게 됩니다. 그러므로 내가 전하고자 하는 복음이 무엇인지를 모른다면 전할 수 없게 됩니다.

복음이 무엇일까요? 한마디로 "하나님께서 나를 사랑하신다"는 사실입니다. 창조주께서 피조물인 나를 사랑한다는 것은 얼마나 가슴 뜨거운 일입니까? 이 시대의 많은 사람들 가슴 속에 남은 상처 중 대부분은 바로 사랑을 기대했던 사람들로부터 사랑을 받지 못했기 때문입니다. 사람의 행복과 불행이 어디에서 올까요? 그것은 하나님께 사랑받는 것으로부터 오는 것이며, 하나님으로부터 멀어졌을 때 불행이 시작되는 것입니다.

아담과 하와의 에덴동산 사건이 이것을 증명해 줍니다. 그러므로 하나님의 사랑을 받고 난 사람은 바로 '죄인'임을 깨닫게 됩니다. 마치 어둠 가운데 빛이 들어오면 공간에 있는 보이지 않던 먼지가 드러나게 되는 것처럼 말입니다. 그런데 하나님께서 친히 죄인된 나를 위해 십자가에서 죽으셨습니다. 따라서 나를 위해 십자가를 지시고 부활하신 예수 그리스도, 그분을 나의 주님으로 고백하는 사람에게 구원의 선물이 주어지는 것입니다.

"너희가 그 은혜에 의하여 믿음으로 말미암아 구원

을 받았으니 이것은 너희에게서 난 것이 아니요 하나님
의 선물이라.”(엡 2:8)

위의 내용을 간추려서 ‘복음 법칙’이라고 이름 붙였
습니다.

복음 법칙

1. 하나님은 나를 사랑하십니다.
2. 나는 죄인입니다.
3. 예수님은 나를 위해 죽으셨습니다.
4. 나는 예수님을 영접(믿음)합니다.
5. 나는 구원(영생)을 받았습니다.

용서와 화해

정서장애를 겪는 많은 것들 중에 대표적인 것이 바로 '죄책감'과 '좌절감'입니다. 이것은 '용서받지 못함'과 '용서하지 못함'에 기인합니다. 인간은 구조적으로 용서받고 용서하는 관계를 가질 때 행복함을 경험하도록 창조되었습니다.

예수 그리스도를 믿고 가장 큰 은혜를 받은 것이 무엇입니까? 바로 '죄 사함'의 은혜, 즉 '용서의 은혜'였습니다.

십자가에 대신 죽어 주시기까지 죗값을 대신 치루어 주시면서 우리 죄를 용서해 주셨습니다. 그러므로 기독교 신앙은 '용서받음'의 신앙입니다. 주님은 이 용서를 경험한 삶이 바로 천국의 삶인 것을 말씀하고 있습니다. 그래서 베드로에게 '일곱 번에 일흔 번까지라도 용서해라', 즉 한없이 용서해 주라고 말씀하셨습니다. 그것이 어떻게 가능할까요? 나는 할 수 없습니다. 하나님은 그것을 알고 계십니다. 그런데 그것이 불가능한 것이었다면 주님께서 말씀하셨을까요? 주님은 우리가 할 수 없는 것을 하라는 정말 심보가 고약한 분이 아닙니다.

한없는 용서의 비밀은 바로 '예수 그리스도 안에' 있습니다. 그리스도 안에 거하는 사람은 용서할 수 있습니다. 왜냐하면 내 안에 계신 주님께서 용서하도록 역사하시기 때문입니다. 용서의 문제에서 한 가지 구별해야 할 것은 용서와 화해의 문제입니다.

용서는 나 자신의 결정으로 일어날 수 있는 것이지만, 화해는 상대방의 동의와 참여가 있어야 합니다. 그러므로 화해 없이도 나는 얼마든지 용서할 수 있습니다. 용서는 지금 즉시라도 가능하지만 화해를 하기 위해서는 시간이 필요하며 언제나 가능한 것도 아닙니다.

많은 사람들이 용서하지 못하는 것은 용서와 화해를 동일한 것으로 착각하기 때문입니다. 용서한다고 해서 화해가 자동적으로 뒤따라오는 것은 아닙니다. 우리는 용서의 마음을 품어야 합니다. 그리고 화해까지 이를 수 있도록 노력하며, 기다리며, 기도해야 합니다.

용서가 필요한 사람이 있습니까? 지금 하십시오! 주님께서 화해로 인도하실 것입니다. 샬롬!

그 분을 만나십시오!

심심치 않게 등장하는 것이 연예인이나 유명인들의 자살입니다. 더 안타까운 것은 그들 중 '기독교인'이 있다는 사실입니다. 장례식에 목사복을 입고 걸어가는 모습을 보면서 목사로서 비애를 느꼈습니다. 목사복을 입고 있는 것이 중요한 것이 아니라 내 성도가 자살했으니 하나님 앞에 '석고대죄'해도 시원치 않을 것입니다.

방송에서는 '왜 자살하게 되었을까?' 하고 여러 가지 이유를 추적하는 보도를 합니다. 연예인들이 겪는 어려움, 특히 여자 연예인들이 겪는 어려움에 대해서 말입니다. 물론 그들 나름대로 어렵고 힘이 들 것입니다. 그러나 세상살이에서 어려움 없이 살아가는 사람이 어디 있을까요?

"나는 아무 문제가 없습니다. 나는 아무 어려움이 없습니다"라고 말할 수 있는 사람은 별로 없을 것입니

다. 문제는 그 어려움을 극복할 수 있느냐 아니면 그 앞
에서 좌절하느냐이겠지요! 그렇다면 우리의 신앙은 도대
체 무엇입니까? 액세서리입니까? 왜 자살합니까? 삶이
허무해졌기 때문입니다. 더 이상 살아 있을 이유가 없어
졌기 때문입니다. 그러면 왜 허무해집니까? 왜 살아 있
을 이유가 없어졌습니까? 바로 생명의 주인 되신 예수님
을 만나지 못했기 때문입니다.

살아가면서 내가 쓰고 있지만 내 것이 아닌 것이 많
습니다. 생명도 내가 살고 있지만 내 것이 아니라 생명
을 허락하신 하나님 것임을 알아야 합니다. 내 것이 아
닌 것을 내 것처럼 악용하고 남용하는 것이야말로 가장
악한 죄입니다. 그러므로 자살의 유혹을 이기는 유일한
길은 생명 되신 예수님을 만나는 것입니다 .

하나님을 가까이

모든 신체기관이 중요하지만 특별히 '간'은 해독기능을 합니다. 그래서 간이 굳어지는 것을 '간경화'라고 하고 간경화가 되면 해독기능을 잃게 되어 결국 사망에 이르게 됩니다. 이처럼 그리스도인은 사회의 '해독기능'을 해야 합니다. 그러기 위해서는 내 영적인 심령이 부드러워져 있어야 합니다. 영적인 간경화가 진행되면 '거칠고 딱딱한 마음'이 됩니다.

암 중에서 가장 무서운 것이 '간암'입니다. 간은 거의 그 기능이 쓸모없어진 경우가 되어서야 그 신호를 보내기 때문에 그 신호를 받을 때가 되면 이미 치료의 시기는 다 지나가 버린 경우가 대부분이라고 합니다. 그러니까 '간'은 참으로 '둔한' 장기입니다. 만약 간이 질병에 대하여 민감하다고 하면 그만큼 치료할 수 있는 기회가 많을 것입니다.

신학대학에 다닐 때 기숙사에 전화가 딱 한 대 있었습니다. 수없이 울리는 전화벨 소리 가운데 저는 지금은 아내가 된 여학생의 전화소리를 알아내곤 했습니다. 전화벨 소리가 달랐을까요? 아닙니다. 저의 생각에 그 여학생에게 집중되어 있었기 때문에 전화가 올 시간을 미리 예측할 수 있었습니다. 그 여학생과 결혼해서 같이 살면서 같은 생각을 할 때가 많습니다. 같이 먹고, 같이 보고, 같이 듣고 하면서 아내의 생각을 읽을 수 있게 되었습니다. 그렇습니다. 하나님을 가까이 하면 하나님의 생각을 읽을 수 있습니다.

새벽은 둔하고 딱딱해진 내 심령을 부드럽게 하기에 가장 좋은 시간입니다. 그러므로 새벽 기도는 건강한 영적 생활을 위한 '선택'이 아닌 '필수' 과목이어야 합니다.

내 심령이 간경화에 걸리지 않기 위해서는 '하나님을 가까이' 하는 것 외에 다른 방법은 없습니다. 하나님을 가까이 하면 영적으로 민감해집니다. 기쁨으로 찬양하며 전심으로 기도하고 사모하는 심령으로 말씀을 붙잡으십시오! 영혼이 소생할 것입니다.

영적 민감성

아이는 엄마가 24시간 곁에 있어 지켜 주어야 합니다. 그래야 먹을 수 있고, 배설 후에 편안함도 느낄 수 있고, 또 외부로부터 안전함도 보장받을 수 있습니다. 그래서인지 아이는 엄마가 옆에 없으면 금세 알아챕니다. 심지어 잘 자는 것 같아 잠시 일어서려고 하면 금방 깨어나는 경우도 있습니다.

그러니까 아이의 모든 신경은 엄마와 연결되어 있습니다. 비단 엄마의 뱃속에서 탯줄로만 연결되었던 것이 아니라 아이의 오감은 엄마의 오감과 연결되어 있습니다. 이와 같이 영적 민감성이 있는 사람은 자신이 하나님으로부터 멀어지는 순간 깨달을 수 있습니다. 영적 민감성이 있는 사람은 하나님 없이는 못사는 인생이 됩니다.

다윗은 죄를 범한 후에 이렇게 기도했습니다.

‘주의 성령을 내게서 거두지 마소서!’(시 51:11)

다윗은 하나님으로부터의 분리가 얼마나 큰 고통인지를 알고 있었던 것입니다. 고난주간에 이렇게 기도하기를 원합니다.

“하나님 없이 잘되는 인생이 되지 말게 하옵소서! 하나님 없이 승리하는 인생이 되지 말게 하옵소서!”

왜냐하면 그래야 하나님을 찾고 가까이하기 때문입니다. 그렇습니다! 하나님 없이 잘되는 것은 축복이 아니라 저주임을 알아야 합니다. 하나님을 가까이하는 만큼 영적 민감성은 살아납니다.

“너희가 온 마음으로 나를 구하면 나를 찾을 것이요 나를 만나리라.”(렘 29:13)

“너희는 여호와를 만날 만한 때에 찾으라. 가까이 계실 때에 그를 부르라.”(사 55:6)

하나님을 사랑한다는 것

　　서로 사랑하는 사람은 상대방의 눈빛만 보아도 무엇을 원하는지 무엇을 말하고 싶어 하는지 알 수가 있습니다. 사랑한다는 것은 그만큼 두 사람 사이의 사적인 거리가 좁혀졌다는 것입니다. 그래서 너와 나 사이에 어떤 거리감을 느끼지 않는 것입니다.

　　하나님을 사랑하는 것은 바로 하나님과 나 사이에 거리감을 느끼지 않는 것입니다. 사랑을 하면 사랑을 하는 만큼 서로에 대해서 민감성을 느낄 수 있게 됩니다. 이와 같이 영적 민감성도 하나님을 가까이 하는 데서 생기는 것입니다. 하나님을 가까이 하는 사람은 하나님의 생각과 마음을 읽을 수 있게 됩니다. 이것이 바로 주님께서 겟세마네 동산에서 기도하실 때의 모습입니다.

　　'아버지의 뜻대로 하옵소서!'라는 기도는 주님께서 성부 하나님과 하나 되신 모습을 보여 주고 계십니다.

예수님은 하나님의 뜻에 아주 민감하게 반응하신 것입니다. 저는 운전하면서 신호에 대단히 민감한 운전자들을 발견합니다. 이런 운전자들은 푸른 신호등이 들어오면 0.1초만 늦게 출발해도 뒤에서 빵빵거립니다.

예전에 이런 사람들을 보면 '참 성질 급하네!'라고 했습니다. 그러나 이제는 이렇게 생각합니다.

"저 사람 예수 믿으면 영적 거장이 될 수 있을 텐데!"

성질이 급한 사람은 사실 온통 신호등에 정신을 집중하고 있는 사람입니다. 신호등 앞에 정지해 있으면서 딴 데를 쳐다보는 사람은 신호를 곧잘 놓칠 수밖에 없습니다.

온전한 믿음은 결국 우리의 영혼과 생각과 마음이 온통 하나님께 집중되었을 때 가능합니다. **오늘도 나는 하나님께 시선을 집중하고 있습니까?**

목사 장례식

지난 13일 오후 2시! 우리 교회 이 전도사님이 목사 안수를 받았습니다. 마침 13일은 제가 목사로 안수 받은 날이기도 합니다. 정말 오랜만에 많은 분들이 목사로 안수 받는 광경을 지켜보게 되었습니다. 마치 제가 안수 받는 것처럼 감격스러웠습니다. 목사 안수식이 끝나고 많은 성도님들이 꽃다발을 샀고 여기저기서 카메라 플래시가 터졌습니다. 안수 받은 목사들은 얼굴에 웃음이 가득했습니다. 그러나 한 가지 아쉬웠던 것은 목사 안수식에서 눈물을 흘리는 목사를 찾아볼 수 없었던 것입니다.

과연 목사로 안수 받는 것은 무슨 의미일까요? 물론 안수를 받는 것은 하나님께 주의 종으로 세움 받는 의미가 있고, 또 은사의 전이도 있습니다. 그러나 안수 받음에 대한 의미는 무엇보다도 '제물'입니다. 성경에서의 안수는 바로 '희생 제물'을 의미하는 것입니다. 동물이 안수 받으면 그때부터는 하나님께 드릴 '제물'이 되는 것입니다. 안수 받지 않은 동물을 그저 동물이지만 안수 받은 동물은 그 순간부터 '제물'이 되는 것입니다. 그래서 안수 받은 후에는 가차 없이 목이 잘리고, 내장이 꺼내지고, 그리고 쪼개어서 불에 태워서 제물로 드려지는 것입니다. 그렇다면 이제 목사로 안수 받은 저들은 사실 오늘 '사형선고'를 받은 것이며 나아가 '사형집행'을 당한 것입니다.

그러므로 이제는 내가 사는 것이 아니라 내 안에 예수 그리스도께서 사시는 것입니다. 이제는 내 뜻대로 사는 인생이 아니라 하나님의 뜻대로 사는 인생입니다. 이제는 내 것을 주장하는 것이 아니라 하나님의 것을 주장해야 합니다. 내 사명을 감당하는 것이 아니라 하나님께서 주신 사명을 감당해야 합니다.

그래서 목사 안수식은 '목사 장례식'이 되어야 합니다. 그리스도인의 장례식 날은 마냥 슬픈 것만도 마냥 기쁜 것만도 아닌 기쁨과 슬픔의 경계선에 있습니다. 인간적으로 이별이 슬퍼 울고, 천국입성을 축하해서 기뻐하고…….

목사 안수식에서 제 자신을 돌아보며 스스로에게

묻습니다.

"나는 예수님 안에서 죽었나? 나는 예수님께서 주신 사명을 잘 감당하고 있나?"

"내가 달려갈 길과 주 예수께 받은 사명 곧 하나님의 은혜의 복음을 증언하는 일을 마치려 함에는 나의 생명조차 조금도 귀한 것으로 여기지 아니하노라!"(행 20:24)

기도할 수 있어요!

어느 종교나 공통으로 있는 종교적 행위가 바로 '기도'입니다. 혹 종교가 없는 사람일지라도 마음속에 어떤 간절한 바람이나 소원을 가지고 있다면 그것도 넓은 의미에서 기도라고 할 수 있을 것입니다.

그러나 아무리 사람이 마음으로 바람이나 소원을 가졌다 할지라도 그것이 입술을 통해서 말이 되어 나오는 것과 그렇지 않은 것은 엄청난 차이가 있음을 알아야 합니다. 그런 의미에서 기도는 다른 표현으로 '대화'라고 할 수 있습니다. 그러므로 우리가 기도한다는 것은 '하나님과 대화한다'는 뜻입니다. 그래서 대화는 서로가 '인격적 존재'라는 전제가 있을 때에 성립되는 말입니다.

그러므로 우리가 기도의 대상으로 여기는 하나님은 '인격적 존재'이십니다. 하나님께서 인격적이신 분이시기에 우리를 '하나님의 형상'을 따라 창조하셨고, 우리는 인격적 존재가 된 것입니다.

기도는 우리가 할 수 있는 일 중에서 가장 위대한 일을 하는 것입니다. 우리는 하나님의 모든 계획과 일들을 다 이해할 수 없습니다. 그것은 불가능한 일입니다. 유한자가 무한자를 다 담을 수 없습니다. 그러나 유한자가 무한자를 움직일 수 있는 힘이 있습니다. 그것은 '기도'입니다.

당신도 기도할 수 있습니다! 지금 당장 무릎을 꿇으십시오!

기도는 노동이다

감자밭에는 감자가 수도 없이 많이 있습니다. 그 감자를 먹기 위해서는 직접 캐내야 합니다. 호미를 이용하든지 호미가 없으면 손으로라도 캐내야 합니다. 성미가 급해서 감자의 줄기를 뽑는다면 더러 달려나오는 것이 있으나 그렇게 캔 감자는 대부분 작은 감자입니다. 감자알이 굵고 큰 것일수록 땅속에 깊이 박혀 있습니다. 그래서 호미를 이용하여 조심스럽게 캐야 합니다. 그래서 숙련된 농부는 감자를 캐내어도 감자가 상하지 않게 캐냅니다. 감자의 몸이 긁혀지면 쉽게 상하거나 썩게 되고 상품으로서의 가치도 떨어지게 됩니다.

기도는 하나님 나라의 밭에서 하나님의 아름다운 보물을 캐내는 것입니다. 무엇이 소중한 지는 그것을 대하는 사람의 태도를 보면 알 수 있습니다. 새 차를 사면 차가 어디 긁히지 않도록 소중히 여깁니다. 주차할 때도 함부로 주차하지 않습니다. 왜냐하면 누군가 차에 흠집을 낼 수 있기 때문입니다. 그러나 몇 군데 찌그러진 중고차를 구입하면 어디에다 주차를 하더라도 신경을 쓰지 않습니다. 몇 군데 더 긁혀지더라도 속상해 하지 않습니다. 이처럼 하나님께서는 하나님의 것을 소중히 여기는 사람에게 그것을 보여 주시고, 그것을 허락하십니다. 하나님의 것을 소중히 여기는 태도가 바로 '기도'입니다.

사람들은 많은 바람과 소망을 갖고 삽니다. 그러나 기도하지 않으면 바람은 바람일 뿐이요, 소망은 소망일 뿐입니다. 그 바람과 소망을 현실에 실현시켜 주는 도구가 바로 '기도'입니다. 히브리서 11장 1절에 '믿음은 바라는 것들의 실상'이라고 했습니다. 믿음을 가지고 드리는 기도는 실상을 가져옵니다. 주님은 우리가 원하는 것을 주시기 위하여 '기도'라는 땀의 대가를 요구하십니다. 이것이 하나님의 공의입니다.

강원도 태백에 있는 예수원에 가면, '기도는 노동이요 노동은 기도다'라는 표어가 걸려 있습니다. 노동은 땀을 흘려야 하고 수고가 있어야 하기 때문에 사람들은 노동하는 것을 싫어합니다. 그러나 노동의 대가를 즐기는 데에는 앞장섭니다. 기도도 마찬가지입니다. 기도가 노동이라는 말은 대가를 지불해야 한다는 것입니다. 물론 하나님은 우리의 노동의 양보다도 훨씬 더 후하게 계산해 주시는 분이십니다. "구하라 그러면 주실 것이요"라는 말씀은 구하는 것 자체가 우리가 받을 것에 대하여 하나님께 정당한 대가를 지불한다는 뜻입니다. 그러므로 기도의 땀을 흘리지 않고 기도의 열매를 먹으려는 태도는 바른 것이 아닙니다. 사도 바울은 게으른 자는 먹지도 말라고 했습니다. 하나님께서 죄를 범한 아담에게 땀을 흘려야 먹을 것이라고 말씀하셨습니다. 이 말씀이 저주 같지만 실제로는 복입니다. 왜냐하면 사람이 땀을 흘리는 것이 행복이기 때문입니다. 화상환자의 고통은 피부의 조직이 파괴되어 땀을 흘릴 수 없는 것입니다. 그래서 더위에 고통을 받습니다. 피부가 자동적으로 온도조절을 해 주는데 그 기능이 파괴된 것입니다. 나아가 땀을 통해서 신체의 노폐물들을 밖으로 배출할 수 있는데 그 기능도 하지 못합니다. 그러므로 기도는 땀을 흘려야 하는 것이기에 기도하는 사람에게는 축복의 사건입니다. 그러므로 기도하지 않는 사람, 기도를 못하는 사람은 땀을 흘리기를 거부하는 사람과 같고 영적 화상환자와도 같습니다.

하나님은 오늘도 우리의 기도를 기다리시는 분이십니다. 하나님과 대화를 원하십니까? 지금 무릎 꿇으십시오!

바른 기도

마태복음 6장 7절에 "중언부언하지 말라"고 하셨습니다. "너희가 말을 많이 하여야 들으실 줄 알지만 그렇지 않다"고 주님이 말씀하셨습니다. 그런데 우리는 기도가 길어야 좋은 기도로 생각합니다. 왜냐하면 우리는 대개 하나님을 향한 기도가 아니라 성도를 향한 기도, 성도에게 보여 주기 위한 기도를 하고 있기 때문입니다. '나는 이 정도로 기도한다'라고 과시하려고 하기 때문입니다.

예배 중에 대표기도가 있습니다. 대표기도는 온 회중을 대표해서 기도를 하는 것입니다. 그러므로 대표기도를 하기 위해서는 먼저 온 회중의 마음을 헤아려서 교회 공동체가 해야 할 공통의 기도가 무엇인지를 헤아려야 합니다. 그 공통의 기도를 기도자가 대표로 하는 것입니다. 그러므로 회중 앞에서 기도하기 위해서는 먼저 기도로 준비해야 합니다.

대표기도 할 때 삼가야 할 것은 성경 한 구절을 꼭 읽는 것입니다. 말씀은 누가 하신 것입니까? 하나님께서 우리를 향해 들으라고 하신 말씀입니다. 기도는 누구에게 하는 것입니까? 하나님께 하는 것입니다. 그런데 지금 기도하면서 성경구절을 읽는 것은 하나님께 성경구절을 들려 드리는 것입니다.

기도자는 하나님을 향해 '하나님께서 이렇게 말씀하셨는데 이것 맞지요?'라고 하는 것과 같습니다. 하나님의 말씀을 가지고 하나님을 가르칠 수 없습니다. 그래서 이러한 모습은 바람직하지 못합니다. 왜 이런 기도가 나올까요? 역시 사람을 의식해서 하는 기도이기 때문입니다. 기도를 하는 것이 아니라 기도를 통해서 하나님의 말씀을 들려주어야 한다고 생각하기 때문입니다.

나아가 주일예배시 대표로 기도하는 경우에는 미리 기도로 준비하고, 기도문을 작성하여 중언부언으로 기도하지 않는 것이 바람직합니다.

기도가 준비하는 것이라면 기도를 못 하는 것이 아니라 안 하는 것이고 거부하는 것입니다!

신앙은 순종의 사건입니다. 당신도 기도할 수 있습니다!

복음은 변화입니다

복음은 삶을 새롭게 하며 새로운 피조물로 변화시키는 능력이 있습니다. 그러므로 어떤 사람일지라도 예수 그리스도를 만나면 귀하고 가치 있는 인생으로 살게 됩니다.

백화점의 경영전략이 어떻게 변천했는지 아십니까? '고객은 왕이다' 다음에 '고객만족!' 그리고 오늘날은 '고객감동'을 넘어 '고객을 미치게' 합니다. 음식점의 서비스도 고객을 감동시키는 곳이 돈을 법니다.

그렇다면 교회는 어떻습니까? 당신의 교회에 감동이 있습니까? 감동이 사라진 교회라면 음식점만도 못한 곳이 됩니다.

나아가 교회에는 음식점에 없는 것이 있습니다. 바로 '변화'입니다. 아무리 좋은 음식점에서 감동적인 식사를 했다고 하여 그 음식 때문에 삶이 변화 받는 사람은 없습니다. 그러나 감동적인 예배! 살아 있는 교회는 끊임없이 변화됨의 역사가 일어납니다.

변화가 없으시다구요? 그렇다면 그것은 진정 예수님을 만나지 못했기 때문입니다. 우리 교회에 복음의 역사, 감동의 역사, 변화의 역사가 계속되기를 소망합니다.

대리 신앙

　　요즘 세상은 무엇이든지 대리하는 것이 많습니다. 술 취한 분들을 위하여 밤부터 새벽까지 '대리운전 기사' 들이 활동하고 있습니다. 돈만 있으면 무엇이든지 대리해 주고, 대신해 주는 편한 세상이 되었습니다. 심부름도 대신해 주고, 애인도 대신해 주고, 학위 논문도 대신 써 줍니다. 그러나 세상에는 대신해 줄 수 있는 것이 있고, 돈이 아무리 많더라도 결코 대신해 줄 수 없는 것이 있습니다. 그러나 삶의 정말 중요하고 본질적인 것은 누구도 대리하거나 대신해 줄 수 없습니다. 사랑도 대신해 줄 수 없고, 아픈 것도 대신 아파 줄 수 없고, 먹는 것도 대신 먹어 줄 수 없고, 죽는 것도 대신 죽어 줄 수 없습니다. 그것이 바로 사람들이 갖고 있는 '대리의 한계'입니다. 그럼에도 오늘 우리의 신앙 가운데 교묘하게 파고든 것이 바로 '대리 신앙'입니다.

하나님은 전지전능하신 분이시지만 그것이 우리를 위해서 무엇이든지 알아서 자동으로 일을 처리해 주는 것을 의미하는 것은 아닙니다. 하나님은 우리의 주인이시지 결코 우리의 종이 아닙니다. 오히려 우리가 그분의 종입니다. 하나님은 기도를 통하여 우리와의 인격적 교제를 원하십니다. 그 대화를 통해서 하나님은 우리의 갈증과 소원을 응답해 주십니다. 그러나 하나님을 인격적인 분으로 만나지 못한 분들은 마치 알라딘 램프의 거인처럼 무엇이든지 빌기만 하면 대신해 주는 것으로 오해를 합니다. 결코 하나님은 우리의 '대신 맨'이 될 수 없습니다.

내가 해야 하는 기도를 누군가 대신할 수 없습니다. 내가 드려야 하는 예배, 내가 드려야 하는 헌신과 봉사를 결코 누군가 대신해 줄 수 없습니다.

세상에는 나를 대신하여 누군가 해 줄 수 있는 일이 있는가 하면 결코 해 줄 수 없는 일이 있습니다. 구원! 영생! 천국! 그것은 아무도 나 대신 얻을 수 없고, 들어갈 수 없습니다.

혹시 오늘도 나를 대신할 누군가를 찾고 있지는 않습니까?

한 영혼을 생명책에

　　목회의 본질은 한 영혼을 구원하는 것입니다. 모세는 죄로 인해 하나님의 진노가 백성들에게 내려지자 자신의 이름이 생명책에서 지워지더라도 자기 동족을 구원해 달라고 간구하였습니다. 바울은 동족 유대인의 구원을 위하여 자신이 저주를 받아 그리스도에게서 끊어질지라도 원하는 바라고 증언했습니다(롬 9:2). 한 생명을 향한 저들의 열정이 느껴집니다.

　　어제 09-5기 진중세례식을 거행했습니다. 이를 위하여 한 달 동안 새벽 기도, 그리고 금요 다락방 기도회, 수요 예배, 각 목장 예배 때마다 기도를 했습니다. 그리고 현역 집사님들은 육군 정복이나 전투복을 입었습니다. 그리고 적극적으로 신병들을 권면했습니다. 후원해 주기 위해 온 온누리교회 성도님들도 큰 힘이 되었고, 다양한 프로그램을 통해서 병사들과의 영적 소통에 힘을 쏟았습니다. 백마교회에서 신교대교회로 향하는 발걸음도 가벼웠습니다. 세례식 가운데 성령님의 강력한 기름 부으심이 임할 것이라는 확신이 들었습니다.

신병교육대 교회에는 450명의 신병들이 모였습니다. 그중에 50여 명은 이미 세례신자였고, 구경삼아 온 타종교 형제들도 있었습니다. 그 가운데 254명의 형제가 세례를 받았습니다.

그동안 힘을 다해 복음을 전하고 저들의 영혼 구원을 위해 열심히 중보기도 했던 것이 헛된 일이 아니었음을 확인하게 되어 무엇보다도 감사했습니다. 그리고 저들의 영혼이 하나님 나라의 생명책에 기록되기에 더욱 기쁘고 행복했습니다.

"하나님을 사랑하고 예수 그리스도를 구주로 고백하는 사랑하는 000에게 내가 성부와 성자와 성령의 이름으로 세례를 주노라!"

"아멘!"

"주님의 이름으로 000형제를 축복합니다. 믿음으로 군 생활 승리하십시오!"

"아멘!"

세례를 받는 형제가 힘차게 대답하면 얼마나 고맙고 감사한지 …….

　　"하나님! 세례를 받은 형제들을 성령으로 붙잡아 주십시오! 저들의 믿음이 성장하고 성숙하여 하나님의 귀한 열매가 되게 해 주십시오! 군 생활에서 믿음으로 승리하고 장차 이 나라 위해 귀하게 쓰임 받게 해 주시고, 한국교회의 기둥 같은 일꾼들 되게 하옵소서!"

삶의 물결 위에 머문 감사

크리스천의 삶은 천국을 향해 항해하는 것입니다. 그런 의미에서 크리스천의 삶은 물결 위에 떠 있는 배와 같습니다. 순풍이 불어올 때도 있지만 비바람이 몰아칠 때도 있습니다. 그래서 삶의 물결이 요동칠 때도 있고, 잔잔한 평온을 누릴 때도 있습니다. 누구나 살아가면서 잔잔한 물결 같은 평온의 삶을 원하지만 물결은 요동을 치며 변화무쌍한 모습을 보여 주기 마련입니다. 그러나 그 물결 위의 배는 물결 상태가 어떠하든지 우리는 천국을 향해서 매일 전진해야 합니다. 천국을 향해서 매일 전진하게 하는 힘이 무엇일까요? 바로 '감사'입니다.

감사는 바로 내 삶의 중심에 하나님을 생각하는 것입니다. 삶의 중심이 나에게 있는 것이 아니라 하나님께 있음을 인정하고 고백하는 것입니다.

감사는 물결 위의 배와 같은 것입니다. 우리 삶을

감사라는 배 안에 담지 않는다고 하면 천국을 향해서 항해하는 것은 불가능한 일입니다. 감사가 없는 삶은 구멍 뚫린 배와 같습니다. 천국에 이르기 전 물 아래로 침몰하고 말 것입니다.

오늘 우리들의 감사의 모습은 어떤 배의 모습일까요? 순풍이 불고, 물결이 잔잔하면 감사하지만 물결이 거세고 비바람이 몰아치면 불평과 불만과 원망을 쏟아내고 있지는 않습니까?

내 삶의 물결 위에 어떤 감사가 머물고 있는지 깊이 묵상해 보시지 않겠습니까?

가던 길을 멈추고

어느 날 문뜩 이런 생각이 들었습니다.

"잠시 가던 길을 멈추고 삶을 돌아보고 싶다!"

그리고 멈춰 선 후에는 이런 생각을 깊이 하고 싶습니다.

"과연 내가 제대로 인생길을 걸어가고 있는지? 그리고 내가 향하는 인생길이 생명의 길로 가고 있는지? 또 나는 내 주변의 사람들에게 덕을 끼치고 살았는지? 유익함을 주고 살았는지? 내 삶의 습관은 아름다운지 아니면 고쳐야 할 것이 있고 버려야 할 것이 있는지?"

그리고 이런 묵상을 해 보았습니다.

"정신없이 살다 보면 정신없이 망한다!"

대부분 사람들이 하는 말이 바쁘게 살고, 정신없이 산다고 합니다. 왜 그렇게 살아야 할까요? 그렇게 살지 않으면 살 수 없어서일까요? 아니면 더 많은 것을 소유하기 위해서 그렇게 살아야 하는 것일까요?

인스턴트에 익숙한 시대! 빠름에 익숙한 시대! 바쁨에 익숙한 시대! 그것이 오늘 우리의 삶을 삭막하게 하는 것이 아닐까요? 자신의 주변은 미처 살펴볼 겨를도 없이 살아가면서 정작 자신을 잃어버리고 사는 것은 아닐까요?

오늘 당신은 어디를 향해, 어떻게 달려가고 있습니까? 가던 길을 잠시 멈추어 보시면 어떨까요?

부활은 반드시 있어야 합니다!

외아들을 불의의 사고로 잃은 부모가 있었습니다. 장례식에서 흙속으로 돌아가는 아들을 바라보며 마음속 깊이 이렇게 외쳤습니다.

"이렇게 끝나는 것이 인생일 수는 없다! 부활은 반드시 있어야 한다!"

마귀는 오늘도 우리에게 부활이 없다고 속삭입니다. 그러니 현재에 마음껏 쾌락을 누리라고 말합니다. 그래서 수많은 쾌락의 방법들을 개발해 냅니다. 다른 한편으로 세상의 학문을 동원하여 부활이란 있을 수 없음을 항변하고 있습니다. 그러나 세상의 학문이 부활이 없다고 하여 부활이 없을 수 없습니다. 어두운 터널 안을 나갈 수 있는 방법은 빛이 비춰지는 방향으로 가는 것입니다. 죽음의 어두운 터널 안에 부활의 빛을 주님께서 우리에게 비추어 주셨습니다. 우리가 할 일은 그길로 걸어가면 나갈 수 있습니다.

어두운 터널 안에서 그 빛이 참된 빛인지 어떤 빛인지 논의하는 것은 어리석은 일입니다. 예수님 당시에 제자들이 유일하게 들은 책망은 "믿음이 적은 자!"라는 것이었습니다. 예나 지금이나 믿음이 없기는 마찬가지인 것 같습니다. 노아 시대에도 하나님의 말씀을 믿지 못했던 사람들은 결국 홍수 심판을 당하고 말았습니다. 이 시대에 우리에게 필요한 것은 부활에 대한 믿음입니다. 부활이 필요한 사람들은 예수님의 부활을 믿을 것이요, 부활이 필요 없는 인생은 믿지 않을 것입니다.

요한복음 5장 29절에 "선한 일을 행한 자는 생명의 부활로 악한 일을 행한 자는 심판의 부활로 나오리라"고 말씀하고 있습니다.

선한 일 중에 가장 선한 일은 예수 그리스도를 믿는 일입니다. 모든 사람은 한 번 죽고 반드시 부활할 것입니다. 중요한 것은 예수님을 믿고 죽은 사람들은 생명의 부활로, 그러나 믿지 않고 죽는 자는 영원한 사망의 심판을 받기 위한 부활로 나올 것입니다. 그러므로 예수님을 믿는 자는 천국의 부활로, 믿지 않는 자는 지옥의 부활을 받게 될 것입니다.

내 생애에 부활은 반드시 있어야 합니다.

십자가를 경험하라

　세상에는 알고 살 것이 있고, 몰라도 되는 것이 있고, 반드시 경험해야 할 것이 있습니다. 우리가 살면서 세상의 모든 것을 다 알 수는 없지만 살면서 꼭 알아야 할 것이 있습니다. 이것을 '상식'이라고 말합니다.

　또 중학교까지 의무교육을 받고 나아가 고등학교, 대학교, 대학원 등 지식을 쌓아 갑니다. 상식도 있고 지식도 있어야 합니다. 그것이 부족하면 살아가는데 불편함과 어려움을 겪을 수도 있습니다. 그러나 모든 인생이 반드시 경험해야 할 것이 있습니다. 이것은 해도 되고 안 해도 되는 것이 아닙니다. 하면 살고 안 하면 죽습니다. 바로 십자가 경험입니다.

　예수 그리스도를 상식으로 알고 지식으로 아는 것은 중요한 것이 아닙니다. 예수님의 십자가의 은혜를 경험해야 합니다. 십자가를 경험하면 구원받지만 경험하지 못하면 구원과 상관없습니다. 십자가를 통과하면 천국 문이 열리지만 십자가를 통과하지 못하면 지옥문이 열릴 것입니다.

오늘 이 땅을 살아가는 사람들이 겪는 불행의 원인은 먹을 것이 없어서, 잠 잘 곳이 없어서, 병이 들어서만도 아닙니다. 먹을 것도 많고, 입을 것도 많고, 좋은 침대도 있지만 그것으로만 행복함을 누리지 못하고 삶을 절망하고 포기하는 사람들이 늘어가고 있습니다. 이유가 무엇일까요? 그것은 십자가와 상관없이 살고 있기 때문입니다. 예수 그리스도의 십자가를 잃어버렸기 때문입니다. 하나님을 잃어버린 인생! 십자가를 잃어버린 인생은 영원히 불행합니다.

예수 그리스도 십자가의 은혜는 2천 년 전에 골고다 언덕에서 일회적인 사건이었지만 그 십자가를 통한 은혜는 지금도 계속되고 있습니다. 그러므로 기독교 신앙의 핵심은 바로 예수 그리스도의 십자가를 경험하는 것입니다.

Go and Stop

아브라함이 위대한 믿음의 조상이 될 수 있었던 것은 하나님께서 말씀하시는 대로 순종하는 것이었습니다. 가라! 하시면 갔고, 멈추라 하시면 멈추었습니다. 그런 훈련을 모세와 200만 히브리 백성들이 광야 40년 동안 받았습니다.

인간은 누구나 내 뜻대로 살고 싶은 욕구가 있습니다. 그래서 내 마음, 내 생각대로 살고 싶어서 하나님을 믿지 못하고, 아니 믿지 않기로 결심하고 사는 것입니다. 신앙생활은 '믿음으로 순종의 길을 걸어가는 것'입니다.

며칠 전 사단 이발소에서 이발하시는 집사님이 들려 준 이야기입니다. 본인이 예전에 섬겼던 목사님이 자신이 개척하여 일구어 놓은 교회의(1만여 명이 모이는 메가처치) 담임목사직을 내려놓고 퇴임하는 것이 못내 아쉬워하다 그것을 이기지 못하여 몸에 마비가 왔다며 안타까워하였습니다.

주님의 뜻이 계셔서 믿음의 길을 가는 중에 육사교회에서 Stop 하라는 명을 받고 왔습니다. 그리고 또 때가 되어 주님께서 Go! 하시면 떠날 것입니다.

군 목회는 가는 훈련, 떠나는 훈련, 내려놓는 훈련의 연속입니다. 그래야 언젠가 주님께서 하나님 나라로 부르실 때 세상을 아까워하지 않고 모든 것을 내려놓고 가지 않겠습니까? 신호등에 빨간 불이 켜지면 Stop 해야 합니다. 초록불이 켜지면 Go 해야 합니다. 그것만 잘 지켜도 사고를 줄일 수 있습니다.

믿음이 좋다는 것은 무엇을 말하는 것일까요? 하나님께서 나에게 주시는 영적 사인에 민감하게 반응하는 것이 아닐까요?

눈(眼)

　사람은 세 종류의 눈을 가지고 살아갑니다.

　첫째는 육신의 눈입니다. 그저 눈에 보이는 현상대로 그것만을 바라보고 살아가는 것입니다. 그러나 육신의 눈이란 얼마나 연약한지요! 평균적으로 마흔이 넘어서면 노안이 시작된다고 합니다. 가까운 것도 잘 보지 못하고 먼 것도 잘 보지 못합니다. 동물보다도 못한 시력을 가지고 살아갑니다. 어떤 동물이 안경을 끼고 살아갑니까? 육신의 눈은 연약합니다. 그런데 그 눈에 보이는 것만으로 판단하며 살려고 하니 안타까울 뿐입니다.

　둘째는 해석의 눈입니다. 지성인은 눈에 보이는 현상 그 너머에 있는 의미를 찾습니다. 그림을 보더라도 사실 그대로 그려내는 화풍이 있는가 하면 추상화도 있고 초현실주의도 있습니다. 그래서 그림을 보면서 그 그림이 주는 의미를 나름대로 해석합니다. 삶이란 것도 해석하기 나름입니다. 삶을 비관적으로 해석하는 사람은 그렇게 살고, 낙관적으로 해석하는 사람은 또 그렇게 살아갑니다.

셋째는 영의 눈(靈眼)입니다. 신앙을 갖게 되면 보이지 않던 것들이 보이기 시작합니다. 믿음은 우리의 죄를 보는 동시에 예수 그리스도의 은혜가 죄보다 더 큰 것을 보는 것입니다. 믿음은 죄를 따지는 것이 아니라 죄를 넘어서고 이기는 하나님의 은혜를 보는 것입니다. 삶 속에 문제가 없는 것은 행복이 아니라 불행입니다. 왜냐하면 문제는 하나님의 은혜를 체험할 수 있는 기회이기 때문입니다.

삶 속에 희망이 없다고, 왜 인생이 이리 캄캄하냐고 낙망하고 계신 분이 있습니까? 주님의 십자가를 믿음의 눈으로 바라보십시오!

지금 어떤 눈으로 세상을 바라보고 있습니까?

거룩하라!

하나님은 거룩하게 존재하시는 분이십니다(출 15:11). 하나님은 거룩한 팔을 나타내시며(사 52;10), 하나님의 말씀과 약속은 거룩하시며(렘 23:9), 하나님의 이름조차도 거룩하십니다(렘 20:3). 성자 예수님은 출생부터 거룩하시며(눅 1:35), 죄와 상관없으시며, 하나님께서 거룩하게 하셨습니다(요 10:36).

시내 산에서 모세를 향해서 '너의 선 곳은 거룩한 땅이니 네 발에서 신을 벗으라'고 요구하셨습니다. 시내 산이 거룩하게 된 것은 거룩하신 하나님의 임재가 있었기 때문입니다. 그러므로 모든 더러움에 물든 신발을 벗지 않고는 거룩하신 하나님을 만날 수 없고, 영적 교제를 할 수 없었던 것입니다. 그래서 오늘도 자녀된 우리들에게 거룩함을 요구하고 계십니다.

"내가 거룩하니 너희도 거룩할지어다."(레 11:45)

그러면 우리는 무엇으로 하나님의 거룩함에 참여할 수 있을까요?

"하나님의 말씀과 기도로 거룩하여짐이라."(딤전 4:5)

말씀과 기도! 이것이 바로 하나님께서 가르쳐 주신 거룩함에 이르는 방법입니다. 거룩은 세상과 분리시켜 하나님 앞에 구별된 존재로 서는 것입니다. 거룩은 내가 세상에 속한 사람이 아니라 하늘에 속한 사람임을 보여 주는 고백이자 증거입니다.

새벽 무릎으로 나의 신발을 벗지 않으시겠습니까?

*kadoshe는 히브리어로 '거룩'이란 뜻.

단거리 Vs 장거리

신학대학원을 졸업한지 17년 만에 모교에 가서 말씀을 전했습니다. 후배들에게 말씀의 은혜를 나눈다는 사실 자체만으로도 감사한 일입니다.

그런데 주어진 설교 시간은 고작 23분!

'~ 휴~' 뭐 좀 말씀을 전하려고 하니까 어느새 시간은 다 가버렸습니다.

중국에서는 목사님들의 설교를 한 시간쯤 들으면 "아! 이제 설교 서론을 들었구나!" 2시간쯤 들어야 "아! 오늘 말씀의 은혜를 받았다!"라고 한다는데…….

23분 대 2시간! 이것은 단거리 경주 대 장거리 경주와 같은 시간의 차이입니다. 똑같이 육상선수라 할지라도 100미터 경주용 선수가 있고, 200미터, 400미터, 1만 미터, 그리고 42.195Km를 달리는 마라톤 선수가 있습니다. 단거리 선수는 장거리에 약하고, 장거리 선수는 단거리에 약합니다. 스케이트 종목도 쇼트트랙이 있고, 스피드 스케이트가 있고, 피겨 스케이팅이 있습니다.

그래서 단거리 선수도, 장거리 선수도 각각 자기 종목에서 잘하면 됩니다. 그러나 유독 설교만은 장거리보다는 단거리가 더 요구되는 시대입니다. 시간에 쫓기기 때문입니다. 그래서 장거리 설교를 하는 분들에게 단거리 설교는 실력을 발휘(?)의 시간이 아니라 스스로 무덤을 파는 시간일 수밖에 없습니다. 언제부터 우리 예배가 1시간 정도로 굳어 졌는지 ……. 오늘도 시간에 구애됨 없이 "하나님께서 우리에게 주시는 깊은 말씀을 마음 편하게 깊이 전할 수 있다면 얼마나 좋을까?" 꿈꾸어 봅니다. 왜냐하면 예수님께서는 뱃세다 고을에서 날이 저물도록' 천국복음을 전파하실 때 시간의 제한을 받지 않았을 테니까(눅 9:10).

물론 저는 예수님이 아니기 때문에 날이 저물도록 복음을 전파하면 어쩌면 빈자리만 남을지도 모르겠습니다.

* 필자는 1994년 장신대 신학대학원을 졸업했다.

은혜 노트

냉장고가 없던 시절에 부엌에 가면 '찬장'이라고 있었습니다. 그 '찬장'에 음식을 보관하지만 음식이 상하기 일쑤였습니다. 물론 지금처럼 시원한 김치를 먹는 것은 상상조차 하지 못했습니다. 그러나 현대 문명이 발달하고 생활수준이 높아짐에 따라 '냉장고' 없는 집이 없습니다. 그래서 냉장고에는 온갖 반찬이 다 들어가고, 또 김치는 김치냉장고를 따로 두어서 오래 보관할 뿐 아니라 더운 여름에도 시원한 김치를 먹을 수 있게 되었습니다.

새벽 기도를 하다 문뜩 이런 생각이 들었습니다.

"하나님께서 나에게 주시는 은혜도 오래 보관하면 좋겠다!"

우리는 '은혜'를 어디에 보관하고 있을까요? 대부분이 '감정'이 아닐까요? 그런데 이 '감정'이란 장소는 마치 '찬장'과도 같습니다. 감정은 아침과 점심과 저녁과 아니

시시각각으로 변하게 되어 있습니다.

그러므로 자신의 감정의 상태에 따라 어떤 일을 결정하게 되면 나중에 후회할 가능성이 매우 높습니다. 또 감정에 따라 일을 처리하다 보면 낭패를 보는 경험도 얼마든지 있을 수 있습니다. 또 하나님의 은혜를 내 감정에 담아 놓으면 그 은혜를 오래오래 보관하는 것은 어렵습니다. 은혜를 머리에 간직하는 것도 어느새 금방 까먹어 버리고 맙니다.

그렇다면 하나님께서 주신 은혜를 어디다 보관하면 가장 오래 간직도 하고, 그 은혜대로 살 수 있을까요?

작은 노트를 하나 사십시오! 일명 '은혜 노트'라고 부르십시오! 그리고 받은 은혜를 때마다 기록해 놓으십시오! 그리고 언제든지 그 수첩을 펼쳐서 주신 은혜를 다시 묵상하면 또 다른 은혜를 받게 될 것입니다.

후일에 자녀들에게 주실 유산으로 부모가 받은 '평생 은혜 노트'를 남겨 주시면 어떨까요?

양손 사역

"손바닥도 마주쳐야 소리가 난다"라는 속담이 있습니다. 양손이 마주쳐야 소리도 나지 한 손으로는 허공만 가를 뿐입니다. 손에 주사를 맞는 한 주 동안 한 손으로 세수하고, 한 손으로 머리 감고 ……. 양손으로 살아가는 것이 얼마나 큰 복인지 깨달았습니다. 우리 신체를 보면 하나님께서 어찌 그리 신묘막측하게 창조하셨는지 감탄하지 않을 수 없습니다. 만약 머리카락이 없다면? 만약 눈썹이 없다면? 만약 귀가 한쪽에만 있다면? 만약 눈이 한 개라면? 하다못해 콧구멍도 두 개가 있어서 그 기능을 번갈아 가면서 사용한다고 합니다.

그런데 유독 눈에 보이는 신체 기관 중 유독 입만 하나인 것은 다른 기관은 다 자신을 위해 사용하는 기관이지만 입만은 자신뿐 아니라 타인을 향해서 매우 중요한 역할을 하기 때문에 주의하고 또 주의해서 말하라고 입을 두 개가 아닌 하나로 만드시지 않았을까요? 어쨌든 한 쌍을 이룬 신체기관이 주는 유익함을 이루 말할 수 없습니다. 이처럼 교회 사역도 '양손 사역'이라고 할 수 있습니다. 성도 혼자서는 교회도 될 수 없거니와 나아가 주님은 "두세 사람이 모인 곳에 함께 하시겠다"는 말씀을 통해서 공동체의 중요성을 강조하셨습니다.

목회자와 성도는 교회의 양손과 같습니다. 목자 없는 양은 불쌍합니다. 양이 없는 목자가 불쌍하기는 마찬가지입니다. 그러므로 양은 목자를, 목자는 양을 필요로 합니다.

목회자와 성도가 함께 어우러질 때 아름다운 복음의 역사가 나타나게 될 것입니다.

성경 읽기와 쉼

"매일 성경을 읽고 계십니까?"라는 질문과 "매일 식사를 하고 계십니까?"라는 질문은 같은 질문일까요? 아니면 다른 질문일까요? 진정 '그리스도인이라면' 같은 말로 들릴 것이요, 그렇지 않다면 전혀 상관없는 질문으로 들릴 것입니다.

성경은 다른 책과 그 차원이 다른 책입니다. 왜냐하면 성경에는 '구원의 길, 영생의 길, 복된 삶의 길, 진리의 길'이 있기 때문입니다. 무한하신 하나님은 그 하나님을 만나는 방법을 문자를 통해 주셨습니다. 그래서 성경을 읽고, 성경을 쓰고, 성경을 묵상하면서 하나님을 인격적으로 만나게 되는 것입니다

그러므로 성경 없이 하나님을 만나는 것은 불가능합니다. 또한 성경을 읽을 때 성령 없이 읽는 것은 문자를 읽는 것, 고전을 읽는 것, 역사책을 읽는 것에 지나

지 않습니다.

　신앙생활하면서 기도도 하고, 성령 충만도 한데 성경을 읽지 않는다는 사람들을 조심하십시오! 이런 사람들이 주로 이단으로 넘어갈 확률이 높은 사람들입니다. 성령 없이 말씀 이해도 불가능하고, 하나님의 말씀을 읽고, 듣지 아니하고 성령의 충만함을 받는 것도 불가능합니다.

　내 영혼의 진정한 쉼과 안식! 성경에서 찾아보시지 않겠습니까?

　"이 예언의 말씀을 읽는 자와 듣는 자와 그 가운데에 기록한 것을 지키는 자는 복이 있나니 때가 가까움이라."(계 1:3)

영적 파도 타기

　　TV에서 바닷가에서 바나나 보트를 타고, 윈드서핑을 즐기는 청년들의 모습을 보았습니다. 그러나 '쓰나미' 같은 것은 파도라고 하지 않습니다. 왜냐하면 그것은 삶을 파괴하기 때문입니다. 그러나 평온한 바닷가에 밀려오는 '파도'는 피로를 풀어 주고 즐거움을 더하는 스포츠의 도구가 될 수 있습니다. 그것이 바로 '윈드서핑'입니다. 평범한 사람은 파도를 보면 도망가겠지만 파도를 탈 줄 아는 능력을 가진 선수라고 하면 파도를 보고 환호성을 지르고 그 파도를 향해 윈드를 가지고 돌진할 것입니다.

　　신앙생활은 '영적 파도 타기'입니다. .

　　찬양의 파도를 타십시오!

　　기도의 파도를 타십시오!

　　말씀의 파도를 타십시오!

　　충성의 파도를 타십시오!

헌신의 파도를 타십시오!

섬김의 파도를 타십시오!

교제의 파도를 타십시오!

믿음이 좋다는 것은 '영적 파도 타기'의 고수라는 말이 아닐까요?

In의 삶

　　믿음의 삶을 어떻게 표현할 수 있을까요? 저는 'In의 삶'이라고 표현하고 싶습니다. 믿음의 삶이란 하나님 안에 사는 삶입니다. 주님은 "내 안에 거하라 나도 너희 안에 거하리라"(요 15:4)는 말씀을 통해 믿음의 삶이 주님 안에서 사는 것임을 가르쳐 주셨습니다. 그래서 요한복음 15장에 '안에'라는 단어가 열두 번이나 사용되고 있습니다. 신앙의 비밀은 'In'에 있습니다.

　　하나님 안에 거하면 많은 열매를 맺지만 하나님 밖에 거하면 열매와는 상관없는 삶이 되는 것입니다. 이 'in'이란 전치사는 뒤에 오는 명사 때문에 존재합니다(in Jesus Christ). 'in'이라는 전치사 뒤에 'Jesus'라는 명사를 대신할 것은 아무것도 없습니다. 만약 다른 것이 'Jesus'를 대신한다면 그것이 그 사람의 '신(神)'이 될 것입니다.

　　물고기가 생존할 수 있는 이유는 바로 '물 안(in

water)'에 있기 때문입니다. 물 안에 있으면서 물의 존재를 알지도 못하고, 또 물을 무시하고, 물 밖으로 나가려고 몸부림치는 어리석은 물고기에게는 낚시꾼의 바늘만이 기다리고 있을 뿐입니다. 물고기가 물을 떠나는 순간, 행복은 끝이 나는 것처럼 사람이 하나님을 떠나는 순간 참된 행복은 사라지는 것입니다.

어거스틴이 신의 존재를 찾아 방황하다 뒤늦게 깨달은 것은 그토록 하나님을 찾아 헤매던 그 시간에 자신은 여전히 '하나님 안에' 있었다는 사실이었습니다. 자녀의 진학문제, 남편의 진급문제, 취업문제, 건강문제, 결혼문제 등 수많은 난제들로 삶이 고달플지라도 나는 여전히 하나님 안에 있다는 사실을 잊지 마시기 바랍니다.

십자가의 길 그 끝에는?

생도 수련회 2일째 되는 날, 서울에서 대부도로 차를 몰았습니다. 시화방조제를 지나게 되었습니다. 총 12.6km의 긴 방조제였습니다. 방조제를 지나는데 하늘에서는 번개와 천둥이 치고 폭우가 쏟아졌습니다. 차를 운전하는 것이 어려웠고 방조제 좌우에서는 성난 파도가 넘실거렸습니다. 일자로 한없이 뻗어 있는 길을 가면서 과연 이 길은 끝이 있는 길인가라는 생각이 들었습니다. 바다 한복판을 향해 달려가는 느낌이 참으로 묘했습니다. 그럼에도 불구하고 어제 그 길을 지났기 때문에 그 길에 끝이 있고 그 방조제를 건너면 대부도와 수양관이 있음을 경험했기 때문에 의심 없이 길을 따라 갈 수 있었습니다.

그렇습니다! 우리가 가는 인생길! 그 인생길의 끝에는 죽음도 있고 영생도 있습니다. 그런데 예수님께서 먼저 그 길을 가셔서 우리에게 그 길로 오라고 말씀하고 계십니다. 그 길을 오라고 하는 이는 그 길에서 승리와 생명을 얻은 자만이 할 수 있는 일입니다. 만약 인생길에서 패배하였다고 하면, 생명의 길이 아닌 영원한 죽음의 길이었다고 하면, 우리를 향해 주님의 '십자가의 길'로 오라고 하실 수 없을 것입니다.

오늘 우리의 삶 가운데 아무리 폭풍우가 몰아친다 하여도, 어둠과 안개가 엄습한다 할지라도, 이 길이 영원한 생명으로 가는 길임을 확신하며 나아갈 때 머지않은 장래에 그 길의 끝을 보게 될 것입니다. 그리고 그곳에서 우리를 기다리고 계신 주님을 만나게 될 것입니다.

내면의 침묵

세상은 말 잘하는 사람을 좋아합니다. 그러나 하나님은 침묵하는 사람을 좋아합니다. 말을 잘하는 사람은 많지만 침묵할 줄 아는 사람은 드뭅니다.

말은 많지만 정작 쓸 만한 말은 많지 않습니다. 쓸 만한 말이란 사람에게 희망을 주고, 용기를 주고, 격려를 주고, 생명을 주는 말입니다. 한마디로 쓸 만한 말이란 사람을 살리는 말입니다. 그러므로 쓸 만한 말, 사람을 살리는 말을 하기 위해서는 깊은 침묵을 할 줄 알아야 합니다. 삶에 쓸 만한 말이 적은 것은 침묵하지 않고 그저 내뱉기 때문입니다.

침묵이란 단순히 말을 하지 않는 것이 아닙니다. 말을 하지 않지만 속으로 남을 욕하고 비난하는 것은 실제로 자신의 혀를 놀리고 있는 것입니다.

하나님이 원하시는 침묵은 내면의 침묵입니다. 깊

은 침묵은 하나님의 음성을 선명하게 듣게 하는 통로입니다. 요동치는 호수는 하늘을 담지 못하지만 잔잔한 호수는 하늘을 그대로 담을 수 있습니다.

엘리야는 깊은 침묵 가운데 있었습니다. 그래서 세미한 하나님의 음성을 들을 수 있었습니다. 오늘날 세상의 너무 많은 소리로 우리의 영혼의 바다가 요동치고, 필요 이상의 말을 내뱉음으로 마음의 평정을 잃고 사는 것이 우리의 자화상입니다. 어떤 사역자가 되었든지 하나님을 위하여 어떤 행위를 하기 이전에 하나님 앞에서 잠잠하게 '침묵'할 줄 알아야 합니다. 그래야 하나님께서 원하시는 것이 무엇인지를 깨달을 수 있습니다. 그러므로 침묵은 하나님의 위대하심을 인정하는 믿음의 적극적 행위입니다.

제발 교회 안에서 그리고 교회 밖에서 침묵하십시오!

"욥이여 귀를 기울여 내게 들으라. 잠잠하라 내가 말하리라."(욥 33;31)

"너희는 가만히 있어 내가 하나님 됨을 알지어다."(시 46:10)

믿음이란

믿음은 순종입니다.

첫째는 하나님 말씀에 대한 순종입니다. 누군가 나를 믿는다면 내가 하는 말도 믿을 것입니다. 그러나 나를 믿지 못하면 내가 무슨 말을 하든 믿지 못할 것입니다. 우리가 하나님의 말씀에 순종하는 것은 하나님을 믿기 때문입니다. 둘째는 주어진 상황에 대한 순종입니다. 많은 그리스도인들이 자신이 기대했던 것과는 다른 상황이 주어졌을 때 무조건 그 상황을 피하려고 합니다. 그것은 상황을 주신 하나님을 믿지 않는 것입니다.

믿음은 용기입니다.

처녀인 마리아에게 '네가 아이를 낳을 것이다. 그런데 그 아들이 하나님의 아들이요, 그 아들이 바로 하나님이다.'라는 소식이 전해졌습니다. 하나님의 아들이면 뭐하고, 하나님이면 뭐합니까? 당시에 처녀가 아들을 낳으면 돌에 맞아 죽는데…….

"내가 사내를 알지 못하는데 어찌 이런 일이 있을 수 있습니까?"

이때까지만 해도 마리아는 하나님의 아들이란 것이 자신의 육신의 아들인 줄 생각했던 것입니다. 하나님께서 친히 사람의 모습으로 여인의 몸을 통해서 오신다는 것을 누가 상상했겠습니까?

"대저 하나님의 말씀에는 능치 못함이 없느니라."

"주의 여종이오니 말씀대로 이루어지이다."

마리아에게 죽을 용기가 없었으면 순종하지 못했을 것입니다.

믿음은 시선입니다.

시선이 하나님께로 고정되어 있을 때 믿음의 위력이 나타납니다. 광야에서 이스라엘 백성들의 시선은 항상 불기둥과 구름기둥에 있었음을 기억하십시오!

믿음은 다루어짐입니다.

믿음은 내가 하나님을 다루는 것이 아니라 하나님께서 나를 다루시도록 의탁하는 것입니다.

내 것과 남의 것

어느 월요일 한 통의 전화를 받았습니다. 어떤 분이 내 차의 앞 범퍼를 받아서 흠집이 아주 심하게 났습니다. 보험처리를 했으니 가서 범퍼를 갈면 된다는 것입니다.

"아! 나~아 이것 참~~!"

아무튼 사고가 났으니 보험처리하면 되는 것이지만 그래도 사람이 얼굴은 보이고 미안하다는 의사표시는 해야지 전화로만 미안하다고 하고……. 쩝~ 세상이 이런 건가?

괜스레 차 때문에 시간만 뺏기게 되었으니 그리고 렌터카를 운전하니 내 차가 아니라 불편하고, 손해가 이만저만이 아닙니다.

렌터카를 이틀 사용하는 동안 놀라운 사실을 하나 발견했습니다. 급브레이크도 밟고, 과속도 하고…….

아! 렌터카에 대한 애정이 없었습니다. 차에 대하여 굳이 '사랑'이라는 표현은 어울리지 않지만 흔히 '애마(愛馬)'라고 하지 않습니까? 어쨌든 제 차에 대하여 나름 소중히 여기며 사용하는데 렌트한 차에 대하여는 그런 마음이 없다는 것을 깨달았습니다.

렌터카는 내 것이 아니라 남의 것이기에 소중하게 다루지 못한 것입니다. 내 것과 내 것이 아닌 것이 이렇게 큰 차이를 가져 옵니다.

하나님은 우리를 '내 것'이라고 여기십니다. 이것이 하나님의 사랑입니다. 하나님께서 우리를 '내 것이 아니라고' 여기셨다면 정말 큰일 날 뻔 했습니다.

신앙생활에 채워야 할 것들

신앙은 성도를 무지하거나 우매하게 만드는 것이 아닙니다. 종종 신앙생활하면서 맹목적으로 찬양하고, 기도하는 것을 보게 됩니다. 다음과 같은 신앙의 행위를 적극적으로 해야 할 당당한 이유들이 있습니다. 만약 이러한 이유들에 동의한다면 그대로 삶에서 보여 주시면 됩니다. 이것을 신앙의 내용으로 채워 가십시오! 천국을 소유하게 될 것입니다.

찬양의 기쁨! 찬양은 기쁨을 가져옵니다. 찬양은 삶에 기쁨을 퍼 올리는 두레박과 같습니다. 찬양은 아무나 할 수 있는 것이 아닙니다. 그렇다고 하여 특별한 사람만이 할 수 있는 것도 아닙니다. 찬양은 하나님을 사랑하는 사람들만이 할 수 있는 것입니다.

기도의 능력! 기도는 성도의 특권입니다. 기도는 예수 그리스도를 구원자요, 메시아로 인정하는 사람만이 할 수 있습니다. 기도를 하면 하늘의 능력, 성령의 능력으로 기름부음을 받습니다.

말씀의 은혜! 하나님의 말씀을 들으면 믿음이 생깁니다. 하나님의 말씀은 우리에게 구원의 은혜뿐만이 아니라 삶에 필요한 영의 양식을 제공해 줍니다.

섬김의 행복! 주님이 이 땅에 오신 것은 섬김을 받으려 함이 아니요, 도리어 섬기며 많은 사람의 대속물로 주기 위해서입니다. 성도들 간에 서로 섬기십시오! 가족 간에 서로 섬기십시오! 교회와 가정이 행복으로 가득하게 될 것입니다.

순종의 축복! 성경에 나오는 위대한 믿음의 선조들이 하늘의 복을 받을 수 있었던 비결은 바로 하나님의 말씀에 순종하는 것이었습니다. 순종하십시오! 순종하는 자에게만이 하늘창고가 풍성히 열릴 것입니다.

헌신의 열매! 농부가 땀 흘리면 가을에 풍성한 수확을 얻듯이 하나님께 받은 달란트대로 마음을 다하고 힘을 다하여 헌신하면 천국창고에 열매가 가득 넘치게 될 것입니다.

개척의 영광! 앞장서서 가는 개척자의 길은 쉽지 않습니다. 그러나 영광은 오직 개척자에게만 주어지는 것입니다. 모든 일에 앞장서서 개척자의 마음으로 사역하십시오! 하늘의 영광이 주어질 것입니다.

전투의 승리! 군인은 전투에서 승리해야 합니다. 승리하면 살고 패배하면 죽습니다. 그리스도인의 삶은 마귀와의 끊임없는 영적 전투 현장입니다. 승리는 승리하고자 하는 자에게만 주어지는 것입니다. 우리 주님은 이미 부활하심으로 마귀의 권세를 이기셨습니다. 우리 삶의 현장에서 마귀를 대적하십시오! 그리하면 마귀는 도망갈 것입니다.

우리 삶 가운데 찬양의 기쁨, 기도의 능력, 말씀의 은혜, 섬김의 행복, 순종의 축복, 헌신의 열매, 개척의 영광, 전투의 승리를 주시는 살아 계신 하나님을 경배합니다.

감사의 제물

이른 봄 파종하여 태양 아래 땀 흘리니
흘러가는 뭉게구름 미소로 응원하고
산새들 지저귐에 고된 시름 달아나네

이마에 흐른 땀 알곡 되어 출렁이고
희어져 익은 곡식 기쁨 되어 노래하니
풍성한 가을걷이 분주한 손길이어라

개울 따라 단풍 따라 하늘에 머문 시선
한가득 땅의 열매 제단 앞에 올려지니
감사의 제물이어라

제4부
시원한 그리스도인

그리스도인은

이 세상 한 가운데 살고 있습니다.

세상 자체가

악하거나 선한 것이 아닙니다.

그것은 가치중립적인 것입니다.

이 세상을 악하게 만들어 가는 것도 사람이요,

아름답게 만들어 가는 것도 사람입니다.

하나님은 그런 권세를 우리에게 위임해 주셨습니다.

말 잘하는 사람 Vs 잘 말하는 사람

　　지난 주 찬양예배 때 좀 열정적으로 찬양을 했더니 목이 많이 부어 아직도 가라앉지 않습니다. 주일 설교할 일이 걱정입니다. 육군훈련소 입소대대에서는 한 주에 세 번씩 복음전도집회를 했습니다. 생짜배기 청년들에게 복음을 전하려니 목소리가 커질 수밖에 없었고 결국 성대가 많이 상했습니다.

　　우리 주변에는 수많은 말들이 넘쳐납니다. 그 말속에는 남을 해치는 말도 있고, 격려하며 용기를 주는 말도 있고, 상한 마음을 치유해 주는 말도 있습니다. 취직을 원하는 사람들은 말을 잘하는 법, 발성법, 표정관리, 제스추어 등 각종 훈련을 학원에서 배웁니다. 말을 못하는 것보다는 잘하는 것이 사는데 훨씬 유리할 것입니다.

　　그러나 말을 잘하는 것이 꼭 유익한 것만은 아닙니다. 말을 잘하여 남을 속일 수도 있고, 말을 잘하여 거짓을 진실처럼 왜곡시킬 수도 있기 때문입니다. 때로는 화려한 말잔치만으로 끝나는 경우도 적지 않습니다. 그러므로 말을 잘하는 것도 좋지만 더 중요한 것은 말과 행동의 일치, 즉 언행일치(言行一致)가 아닐까요?

목사로 살다 보니 말을 잘하고, 설교를 잘해야 한다는 중압감을 갖게 됩니다. 그러나 하나님이 우리에게 원하시는 것은 말을 잘하는 사람이 아니라 잘 말하는 사람입니다. 말을 잘하는 사람의 반대가 말을 못하는 사람이라면, 잘 말하는 사람의 반대는 나쁘게 말하는 사람입니다. 부정적이고 남을 폄하하고 비판하는 말로서는 아무리 청산유수처럼 말하더라도 그 말로서 사람을 얻지 못할 것입니다. 그러나 말은 좀 어눌하고 세련되게 하지는 못하더라도 정직하고, 따뜻하며, 위로하고 격려하는 말이라면 사람을 세워 주고 생명을 살리는 좋은 말이 될 것입니다.

요즘 목이 아프니까 말하기가 싫습니다. 한편으로 잘 됐다 싶습니다. 쓸데없는 말을 줄이고 꼭 필요한 말만 하기 때문입니다. 그 동안 너무 힘주어 말하고 살지 않았나 반성하게 됩니다. 이 기회에 침묵함을 통해 주시는 '침묵의 은혜'를 누리고 싶습니다. 말을 잘하는 사람보다 '잘 말을 하는 사람'으로 살고 싶습니다.

내 것입니까?

아이를 키우다 보면 재미있는 일이 많습니다. 며칠 전 아내가 집을 비운 사이에 작은아이 세론이가 빵을 사 달라고 하였습니다. 아빠가 돈이 없다고 했더니 그러면 자기 돈이 있으니 그것으로 사 오라는 것입니다.

"네 돈이 어디 있니?"

세론이가 돼지 저금통을 가리키면서 자기 돈이라고 합니다. 속으로 얼마나 웃음이 나오는지……. 아주 당당하게 자기 돈이라 하는 것을 보면서 깨달았습니다. 아이가 저금한 것이니까 아이의 돈이 맞습니다. 그런데 그 돈이 누구의 호주머니에서 나온 것입니까?

하나님과 우리와의 관계도 이와 같다고 생각합니다. 세상 모든 것이 하나님 것임에도 불구하고 내 것이라고 우기며 삽니다. 땅도 물도 내 것이라고 우깁니다. 그러나 그날에 하나님께서 내 것이라고 하시면 누구도

이의를 달 수 없을 것입니다. 지금 당장이라도 하나님께서 소유권을 주장하시면 누가 붙잡을 수 있겠습니까?

하나님은 어리석은 부자에게 말씀하십니다.

"어리석은 자여 오늘 밤에 네 영혼을 도로 찾으리니 그러면 네 준비한 것이 누구의 것이 되겠느냐?"(눅 12:20)

진돗개 한 마리와 똥개 한 마리를 키우는 사람이 있었습니다. 주인이 진돗개와 똥개를 똑같이 때에 따라 밥 주고 목욕시켜 주었습니다. 그랬더니 진돗개는 이렇게 생각했습니다.

"내가 주인님을 잘 만났지! 열심히 집을 잘 지켜서 주인님을 기쁘시게 해야지!"

반면에 똥개는 이렇게 생각했습니다.

"저 사람이 이렇게 잘해 주는 것 보니까 내가 주인이구나!"

이 생각의 차이가 바로 똥개와 진돗개의 차이입니다.

주님께서 당신에게 주신 물질, 건강, 시간, 재능을 쓰시고 하실 때 무엇이라고 대답하고 계십니까?

그리스도인과 건전지

건전지에는 두 종류가 있습니다. 일회용으로 사용하는 건전지가 있고, 한 번 쓰고 나서 재사용하는 충전용 건전지가 있습니다. 이처럼 신앙도 일회용 신앙이 있고, 재사용할 수 있는 충전지 같은 신앙이 있습니다.

크리스천이 건전지라면 교회는 충전기입니다. 꼭 맞는 비유는 아니지만 '은혜'는 에너지라고 할 수 있습니다. 크리스천은 하루의 일용한 은혜를 새벽 기도를 통해 공급받습니다. 그 뿐이겠습니까? 수요 예배, 구역 예배, 주일 예배를 통해서 하나님의 은혜를 무시로 공급받습니다. 건전지 속에 에너지는 사용하라고 담겨져 있는 것입니다. 건전지의 에너지를 사용하면 빛도 낼 수 있고, 전파도 보낼 수 있고, 동력도 발생시킬 수 있습니다. 크리스천에게 왜 은혜가 필요합니까? 왜 은혜를 사모합니까? 그것은 이 세상 한복판에서 크리스천으로서 능력을 발휘하기 위해서입니다. 건전지의 가치는 사용되어지는 것에 있듯이 크리스천의 가치도 쓰임 받는 데 있습니다.

우리 교회가 믿음의 아름다운 충전기가 되기를 바랍니다. 절망한 자, 병든 자, 낙심한 자, 분노한 자, 실패한 자, 억눌린 자, 연약한 자, 어떤 분이든 주님 앞에 나올 때 고쳐지고, 치유되고, 새롭게 되고, 회복되어지는 충전의 역사가 일어나길 원합니다. 그런데 아무리 좋은 충전기라도 플러그를 통해 콘센트에 접속이 되지 않으면 충전을 할 수 없습니다.

교회의 플러그는 십자가요, 콘센트는 예수 그리스도이십니다.

오늘도 콘센트이신 예수님께 십자가의 플러그를 접속시키십시오! 빨간불에서 초록불로 충전시켜 주실 것입니다.

갈등의 극복

사람 사는 사회는 언제나 '갈등'이 존재합니다. 부부 사이에, 부모 자식 사이에, 형제 사이에, 이웃 사이에 갈등은 존재합니다. 문제는 갈등 그 자체가 아니라 그 갈등을 어떻게 처리하느냐는 것입니다. 그 갈등을 크게 둘로 나누면 불신자와의 갈등이 있고, 믿는 자와의 갈등이 있습니다.

첫째, 불신자와의 갈등이 있습니다. 예수님은 바리새인, 서기관, 대제사장들과 끊임없이 갈등의 관계를 형성합니다. 그 갈등의 결과는 예수님께서 십자가를 지시는 것이었습니다. 갈등의 결말은 예수님을 십자가에 못박는 것이었습니다. 그러나 주님은 십자가에서조차 저들의 죄를 용서해 달라고 기도하였습니다. 물론 부활하신 주님은 빌라도나 헤롯, 그리고 대제사장과 바리새인에게 찾아가서 갈등을 해결하지도 않았으며 부활했다고 자랑하지도 않았습니다. 믿음이 없는 사람과의 갈등은 해결되지 못할 수도 있습니다.

둘째로, 믿는 자와의 갈등이 있습니다. 사도행전 15장 39절에 보면 바울과 그의 동역자인 바나바가 심하게 다투었습니다. 1차 전도여행은 바나바가 주도적으로 이끌어 갔지만, 2차 전도여행은 바울이 바나바에 제안하여 시작되었습니다(행 15: 36). 그런데 여행을 시작하기 전에 마가를 데리고 가는 문제로 심각한 갈등이 생겼습니다. 바나바는 마가를 데리고 가고자 했으나 바울은 마가가 1차 전도여행 중 밤빌리아 버가에서 중도하차하여 집으로 돌아간 것을 못마땅하게 여겨 거부했습니다. 결국 바나바와 바울은 결별하여 바나바는 조카 마가와 함께 해로를 통해 구브로로 가고, 바울은 실라를 데리고 육로를 통해 다소로 갔습니다. 그러나 후에 마가는 바울에게 돌아와 바울과 함께 로마의 감옥에 갇혔습니다. 둘 사이에 아름다운 화해가 이루어진 증거입니다.

오늘날 삶에서 겪는 갈등은 어떤 종류입니까? 내가 어찌할 수 없는 것을 가지고 고민하지 마십시오! 그러나 내가 어찌 할 수 있는 갈등이 있다면 주 안에서 해결하십시오! 그 갈등을 처리하는 수준이 바로 내 믿음의 수준이요, 인격의 수준입니다.

시원한 그리스도인

　　세상에서 들려오는 소식은 더위만큼이나 후덥지근
합니다. 어떤 분은 요즘의 세상을 향해서 '난세'라고 표
현을 하기도 합니다. 聖과 俗은 사실 따로 떨어져 있는
것이 아닙니다. 俗에서 聖을 발견되지 못한 聖은 거짓입
니다. 많은 사람들이 세상이 어지러우면 어디 조용한 곳
으로 가서 살면 좋겠다고 말합니다. 때로는 마음에 맞는
사람들끼리 모여 살면 좋겠다는 생각입니다. 정치하는
분들도 자신의 정치세계와 뜻을 같이 하는 사람들끼리
모여 살고 국민들도 자신이 지지하는 정당을 따라 살면
좋겠다는 것입니다. 그러나 이것은 꿈에 불과합니다. 아
니 헛된 상상에 불과합니다. 홍길동처럼 율도국을 세우
고 싶은 충동이야 이해가 되지만 이 세상에 이상적인 율
도국은 없습니다.

　　때로는 한 몸 이룬 아내와도 마음이 맞지 않아서 불

편해 하는 모습 속에서 결국 자기 마음과 맞는 사람이란 것은 극도의 자기중심적이고, 이기적이며 편리한 발상이라는 것을 깨닫게 됩니다.

하나님이 원하시는 세상은 서로 합력해서 선을 이루는 것을 말하는 것이지, 내가 선이라고 하는 것을 타인에게 강제하는 것을 말하는 것이 아닐 것입니다.

그리스도인은 이 세상 한 가운데 살고 있습니다. 세상 자체가 악하거나 선한 것이 아닙니다. 그것은 가치 중립적인 것입니다. 이 세상을 악하게 만들어 가는 것도 사람이요, 아름답게 만들어 가는 것도 사람입니다. 하나님은 그런 권세를 우리에게 위임해 주셨습니다.

세상의 먼지와 때를 씻어내는 세찬 빗줄기처럼 세속에서 거룩함을 끌어내는 '시원한 그리스도인!'은 어디 안 계십니까?

세상에서 가장 귀한 선물

"인간이란 무엇인가?"라는 질문은 철학자들의 핵심적인 논쟁거리였습니다. 이 질문에 답하기 위해서는 "시간이란 무엇인가?"라는 질문을 더불어 논해야 합니다. 시간이란 무엇인가? 자연적인 시간, 물리학적인 시간, 경험적인 시간, 역사적인 시간, 형이상학적인 시간, 심리학적인 시간 등이 있습니다.

어거스틴은 시간에 대하여 이렇게 말했습니다.

"만일 아무도 나에게 묻지 않는다면 나는 시간이 무엇인지 알고 있습니다. 그러나 묻는 자가 있어 시간을 설명하라고 하면 나는 모릅니다. 과거란 '이미 없고', 미래란 '아직 없는' 것이며, 현재도 현재라고 말하는 순간 이미 과거가 되어 버리기에 시간의 본질을 파악할 수 없습니다. 과거는 '이미 있지 않는 것'이요, 미래는 '아직 있지 않는 것'이요, 현재는 '머물러 있지 않는 것'입니다."

어거스틴은 시간을 '일회성'과 '비반복성'으로 특징 지었습니다. 어거스틴의 정의처럼 시간이란 한 번 지나가면 다시 돌아오지 않습니다. 나에게 주어지는 시간은 일회적이며 결코 다시 돌아올 수 없습니다. 오늘 24시간과 내일의 24시간은 전혀 다른 시간입니다. 사람은 피조물이기에 시간의 지배를 받지만 하나님은 영원한 자로서 모든 시간을 초월하시며 언제나 동일하시고 불변하시는 존재이기에 그에게는 시간의 속성이 없으십니다. 시간의 주인은 하나님이십니다. 하나님께서 시간을 창조하셨기 때문입니다. 현재라는 시간은 'Present'라고 합니다. 그런데 'Present'에는 '선물'이라는 뜻이 포함되어 하나님께서 주신 선물이라는 뜻입니다. 과거는 이미 지나가 버렸기에 선물의 가치를 잃었습니다. 미래는 아직 오직 않은 시간이기에 선물이 되지 못합니다. 오직 내가 누리고 있는 '현재'만이 진정한 선물이 될 수 있습니다.

그러므로 세상에서 가장 귀한 선물 중의 선물은 '시간'이라는 선물입니다. 금은보화, 권력, 명예 등 수많은 세상의 귀한 것들 사이에 시간을 놓고 한 가지 선물을 고르라면 주저 없이 시간을 고를 것입니다. 하나님께서 오늘 나에게 주신 '현재'라는 시간의 선물을 영원에 잇대는 것은 저와 당신들에게 주신 몫일 것입니다.

위기를 만났을 때

‘위기(crisis)’를 웹스터 사전에서는 ‘결정적인 시간’, 그리고 ‘진행 중에 있는 어떤 것의 전환점’이라고 정의합니다. 즉, 외부의 위험에 한 개인이 내적으로 반응하는 것을 표현할 때 ‘위기’라는 단어를 사용합니다. 어느 누구도 기대하지 않았지만 불쑥 찾아오는 불청객처럼 ‘위기’는 평탄한 삶에 균열을 만들기도 하고, 근심과 걱정과 우울감과 긴장감을 증가시키기도 하고, 삶을 파괴하기도 합니다.

그러나 ‘위기에 어떻게 대처하느냐’에 따라서 전보다 더 나은 방향의 삶으로 전환될 수도 있습니다. 그래서 흔히 ‘위기(危機)’를 ‘또 다른 기회’라고 하지 않습니까? 이러한 ‘위기’를 만날 때 몇 가지의 반응이 있습니다.

첫째는 현실을 부인합니다. 위기로 인한 고통과 분노를 회피하는 것입니다.

둘째는 '퇴행(退行)'합니다. 정신과 의사인 '랄프 헐쇼비츠'는 이를 '입의 마술'이라고 했는데 이는 '지나치게 먹고 마시는 것'을 말합니다. 위기를 만나면 유아적 행동양식으로 돌아가는데 이를 '입'이 주도하는 것입니다. 입으로 무언가를 계속해서 넣음으로 '불안'을 해소하려 하며, 위기의 본질과 '대면'하지 않습니다.

셋째는 '죄책감'을 갖습니다. 위기를 만난 자신을 과도하게 비난하고 모든 것을 자신의 탓으로 여깁니다. 문제 대신 문제를 일으킨 원인을 찾아서 비난을 타인에게 '투사'하는 것입니다.

넷째는 지나친 '의존감'이나 '독립감'을 갖습니다. 위기를 만나면 타인에게 지나치게 의존하거나 정반대로 타인의 도움만을 바랍니다.

다섯째는 위기를 '외면'합니다. 위기에 대해 비현실적인 접근을 함으로써 더 큰 '위기'를 불러옵니다.

마지막으로 하나님의 임재와 간섭을 통해 삶의 화를 바라보는 것입니다.

혹시 삶에 위기가 있습니까? 어떻게 반응하시고 계십니까?

얼굴

한국의 의료분야 중에 가장 인기 있는 것이 '성형외과'라고 합니다. 특히 '얼굴성형'에 대한 수요가 많다고 합니다. 심지어 중국 사람들도 우리나라의 성형 실력을 인정하여 성형 관광을 하러 온다고 합니다. 이제 TV에서 보이는 탤런트들의 얼굴은 자연 상태인 경우는 드물지 않나 싶습니다.

성형이 나쁘다고 주장하는 것이 아닙니다. '외모 콤플렉스'를 가지고 평생 사느니 문명의 혜택을 받으며 자신 있게 살아가는 것도 나쁘지는 않을 것입니다. 그러나 우리가 관심을 가져야 할 분야가 '외모'에 한정되어서는 안 되겠다는 것입니다. 사람들은 외모를 중요시합니다. 그러나 하나님은 사람의 외모를 보지 아니하시고 '마음의 중심'을 보신다고 했습니다. 하나님께서 마음의 중심을 보신다고 하여 외모를 하찮게 여기신다는 이분법적 사고를 갖는 것도 위험합니다.

'얼굴'에 대하여 묵상하면서 이런 의문이 들었습니다. 점쟁이들은 성형한 얼굴에 대하여 어떻게 관상을 볼까요? 점쟁이들은 사람의 '관상'이나 '손금'을 보고 앞날을 말합니다. 얼굴과 손금에 자신이 타고난 운명이 그려져 있다는 것입니다. 얼마나 오래 살지, 재물이 얼마나 있을지, 어떤 직업을 가질지 등 이것이 바로 '운명론'입니다. 그래서 흔히 일의 결과가 좋고 나쁨에 대하여 '팔자탓'으로 돌려버립니다. 왜냐하면 그렇게 하면 편하기 때문입니다.

그렇다면 얼굴을 성형하기 전과 후의 운명은 같을까요? 아니면 다를까요? 만약 다르다고 하면 운명이 고쳐질 수 있기에 스스로 모순에 빠지는 것이요, 같다고 하면 얼굴을 성형해서 유명세를 타고 있는 분들을 설명할 길이 없습니다.

성형은 운명도 성형할 수 있는 것일까요? 본디 운명론이란 앞날이 그렇게 정해져 있다는 수동적 삶의 태도를 말합니다. 그러나 성경은 이러한 운명론에 반대하여 자신의 인생을 스스로 선택하고, 그 선택에 대하여 책임을 지는 창조적 인생관을 지지합니다. 이렇게 얼굴에 대하여 사설을 늘어놓는 것은 얼굴이 중요하기 때문입니다. '얼굴'의 '얼'이란 우리의 '영혼' 또는 '정신'을 가리키는 순우리말이고, '굴'이란 '통로'라는 뜻입니다. 그러므로 '얼굴'이란 '영혼의 통로', 즉 그 사람의 영혼의 상태를 보여 주는 곳입니다. 그러므로 얼굴이 잘 생겼는지, 못 생겼는지가 아니라 그 사람의 얼굴을 보면 그 사람의 영혼의 상태가 드러나게 되어 있다는 말씀입니다. 그래서 저는 사람을 볼 때 '얼굴'을 주의 깊게 봅니다. 그 얼굴을 통해 그 사람의 영적인 상태를 가늠하기도 하고 또 어떤 어려움이나 근심이 있는지 살펴보기도 합니다.

시내 산에서 하나님을 만난 모세의 얼굴은 '광채'가 나서 백성들이 쳐다보지 못하여 수건을 덮기도 하였고, 복음을 전하며 돌에 맞아 순교한 '스데반'의 얼굴은 '천사의 얼굴' 같았더라고 기록하고 있습니다.

오늘 거울에 비친 내 얼굴은 어떤 얼굴입니까?

앎, 인정, 믿음

이웃집에 사는 분은 의사입니다. 그분이 어느 병원에서 근무하는지 그리고 전공이 내과이고, 자녀는 몇 명인지 '알고' 있습니다. 그러나 몸이 아파서 그 의사가 근무하는 병원에 갔습니다. 그 의사는 주변에서 실력이 대단한 분으로 알려져 있었습니다. 또 저의 아픈 곳이 위염이라고 정확하게 진단하였습니다. 그리고 저에게 약을 처방해 주었습니다. 저는 의사의 처방대로 약을 먹겠다고 하였지만 실제로는 약을 먹지 않았습니다. 저는 그 의사를 알고, 그 의사의 실력도 인정하고, 그 의사의 말도 믿었습니다. 그러나 약을 먹지 않았기 때문에 위염은 계속되었고, 그 의사와 나는 아무런 상관이 없는 것이 되었습니다.

이 모습이 우리 신앙의 모습은 아닐까요? 요즘 세상에서 예수 그리스도의 이름을 처음 듣거나 모르는 사람들은 극히 드물 것입니다. 예수님을 '알'뿐만 아니라 나아가 예수님이 소위 세계 4대 성인 중의 한 사람이라고 인정하는 사람도 있고, 조금 더 나아가 예수님은 천지만물을 창조하신 바로 창조주 하나님이라는 사실을 '인정'하는 분들도 있습니다. 그리고 예수님을 믿는 사람들도 있습니다. 그러나 우리의 믿음은 그저 의사의 말을 믿을 뿐 약을 먹지 않는 것처럼 예수님을 믿지만 예수님의 말씀을 따르지 않는 경우가 허다합니다.

야고보는 '행함이 없는 믿음은 그 자체가 죽은 것'(약 2:17)'이며 '행함으로 믿음이 온전'하게(약 2:22) 된다고 말씀하고 있습니다.

오늘 예수님을 열심히 믿는다고 스스로 위안을 삼고 있는 많은 크리스천들이 정말 예수님의 말씀대로 따라 살고 있습니까?

성경이 말하는 '믿음'은 그저 마음의 '신뢰'나 '확신'만 의미하는 것이 아니라 예수님의 말씀대로 따라 사는 '행동'까지를 말합니다. 이것이 예수님이 원하는 '진짜 믿음'입니다. 오늘 나는 예수님을 알고 있습니까? 오늘 나는 예수님을 인정하고 있습니까? 오늘 나의 믿음은 행함이 따르는 '온전한 믿음'입니까?

가장 악한 삶

속담에 "꾼 돈은 기억 못해도 받을 돈은 기억한다"고 했습니다. 그만큼 사람은 자기 이익 중심의 생각, 이기적인 생각으로 사는 것을 솔직하게 드러낸 속담이요, 어쩌면 꾼 돈은 자신이 되돌려주려는 마음이 없어서가 아니라 기억을 하지 못해서 안 주는 것이요, 어쩌면 주고 싶지 않은 마음에 돈을 빌렸다는 사실을 의도적으로 머릿속에서 삭제하여 자기 머리가 기억하지 못해서 돌려주지 못하는 것이지 자신이 악한 사람이 아니라는 그릇된 '자기 방어기제'를 사용하여 그만큼 내면에서부터 나오는 양심의 가책을 외면하는 모습을 간파한 속담인지도 모릅니다.

어쨌든 돈을 꾸어 간 사람은 기억하지 못해도 돈을 빌려 준 사람은 그 돈을 정확하게 기억하고 사는 것이 우리네 삶의 모습인 것은 사실입니다. 이 속담처럼 오늘 우리의 삶 속에 하나님께로부터 받은 은혜는 교묘히 잊어버리고 살기에 삶의 아름다운 '감사의 향기와 제사'가 사라져 버리지 않았는지 ……. 그래서 "왜 너는 감사하지 않느냐?"는 하나님의 책망에 '감사를 잊어 버려서.'라는 부끄러운 대답을 하고 살아가지 않는지 돌아봅니다. 정말 추하고 부끄러운 사람의 모습이 있다면 '감사를 잊은 모습'입니다.

그런데 왜 감사하지 않을까요? 그것은 나에게 주어지는 모든 것이 '당연하다고' 여기기 때문이요, 나만 받는 것이 아니라 모든 사람이 다 받는 것이라고 생각하기 때문입니다. 나만 받아야 특별히 감사할 텐데 모든 사람이 다 받는 것이니 특별히 감사를 느끼지 못하는 것입니다. 한 주간 묵상하면서 깨달은 것은 '감사하지 않는 삶은 하나님 앞에 가장 악한 삶'이란 것이었습니다. 그 모습을 제 속에서 발견할 수 있었습니다. 감사함에 대한 보답의 행위까지는 혹 욕심(?)일지 몰라도 세치 혀를 놀려 주변에서 베풀어 준 사랑에 대한 감사! 나아가 생명을 주시고 영원한 죄에서 구원해 주시고, 지금도 우리의 삶을 지탱하시고 보존하시는 하나님께 감사 찬송을 드려야 하지 않을까요?

혀

얼마 전 큰아이에게 이런 말을 했습니다.

"넌 재수할 생각 마라! 재수하면 우린 모른다!"

저도 의식하지 못하는 사이에 서너 번, 그리고 아내도 그런 이야기를 했습니다. 그것이 아이에게는 상처가 되었나 봅니다. 태론이는 "왜 아빠 엄마는 격려는 안해 주느냐?"고 항변하였습니다.

저는 큰아이가 재수할 생각을 하지 말고 현재 최선을 다했으면 하는 마음과 재수할 생각을 전제로 공부를 한다면 그 느슨함 때문에 입시에서 실패하게 될 것이라는 염려가 앞섰습니다. 그리고 재수하는 것이 본인이나 부모에게도 결코 쉬운 기간이 아니기 때문에 이왕 고생하는 것 고3의 1년으로 족하다 싶은 생각에서 그런 이야기를 했는데 그것이 자신을 코너로 몰아가는 느낌이었나 봅니다. 우리는 하루에도 수없이 많은 말을 입에서 냅니다. 그런데 그 말이 과연 듣는 사람에게 힘을 주고, 용기를 주고, 축복을 주는 말인가 하는 질문을 하면 부끄럽기 그지없습니다.

세상에서 가장 부드럽지만 세상에서 가장 강한 것이 바로 '혀'입니다. 그래서 혀를 어떻게 사용하느냐에 따라 사람을 살리기도 하고 죽이기 합니다. 그래서 "가는 말이 고와야 오는 말도 곱다!", "말 한 마디로 천 냥 빚을 갚는다."는 속담도 있습니다.

뉴스에 나오는 정치권 소식 중에는 무심코 뱉은 한 마디 때문에 곤욕을 치루는 장면을 심심찮게 볼 수 있습니다. 인디언들은 다른 누군가를 비난하기 전에 먼저 그 사람의 주변을 빙빙 돈다고 합니다. 또 남의 신발을 신어 보기 전에는 절대로 남의 흉을 보지 않는다고 합니다. 그것은 그 사람을 정죄하기 전에 그 사람의 관점으로 주의 깊게 상황을 살펴본다는 것입니다

제가 큰아이의 관점에서 살피지 못하였기 때문에 상처를 준 것입니다. 아이의 항변에 저는 얼른 "아빠가 미안하다"고 했습니다. 고3 수험생 자녀를 두신 분이 계십니까? 한 해 동안 열심히 축복의 언어로 격려하고 응원하고 축복하십시오!

믿음, 소망, 사랑

　본당 오른쪽 플래카드에 '주님의 사랑으로 축복합니다'라는 큰 글씨가 씌어져 있고, 그 아래에 '믿음의 역사, 소망의 인내, 사랑의 수고'라는 말이 씌어져 있습니다. 믿음, 소망, 사랑이라는 단어는 어렸을 때부터 무시로 들었던 말씀이었습니다. 그런데 이 단어가 얼마나 중요한 지를 사실 잘 몰랐습니다. 말씀을 읽다가 그 의미를 발견하였습니다.

　"너희의 믿음의 역사와 사랑의 수고와 우리 주 예수 그리스도에 대한 소망의 인내를 우리 하나님 아버지 앞에서 끊임없이 기억함이니"(살전 1:3)

　참된 믿음이 없이는 하나님의 역사를 가져올 수 없으며 소망이 없으면 인내할 수 없고, 사랑이 없으면 결단코 수고할 수 없습니다. 여기서 '수고'는 '희생'이라는 말로 바꾸어 보면 뜻이 명확해집니다. 사랑 없는 희생은 없습니다. 사랑하기에 수고하고 희생하는 것입니다. 그래서 부모의 사랑은 부모의 희생이란 말과 같은 말입니다. 우리의 믿음이 하나님 보시기에 바른 믿음이라면 그 믿음대로 하나님의 역사가 이루어질 것입니다. 우리가 품고 있는 소망이 하나님 보시기에 바른 소망이라면 현재의 어려움과 고난을 능히 참고 견디어 낼 수 있을 것입니다.

그런데 왜 그 중에 제일이 사랑일까? 믿음과 소망은 하나님과 미래를 향한 우리의 몫이지만 사랑은 하나님의 몫이기 때문입니다. 우리가 하나님을 사랑한 것이 아니라 하나님이 우리를 먼저 사랑하셨습니다. 그것이 바로 '십자가'입니다.

아! 하나님께서 우리를 사랑하시기에 우리를 위해서 십자가의 수고(희생)를 아끼지 아니하셨구나!

열심히 살자

"군 생활 어떻게 할 거야?"

"열심히 하겠습니다!"

틀린 말은 아니지만 꼭 맞는 말도 아닙니다. 사람들은 모두 열심히 일하고, 열심히 공부하고, 열심히 노력하면 전부인줄 착각합니다. 그래서 열심히 일하다 죽고, 열심히 공부하다 죽고, 열심히 노력하다 죽습니다. 이렇게 열심히만 하면 된다고 생각하는 사람들은 대부분 자신의 능력을 사회에서 인정받는 사람들입니다. 그래서 먹고 사는 데 큰 어려움을 겪지 않습니다. 그러고 보니 하나님을 딱히 찾아야 할 이유도 없습니다. 그러나 아무리 농부가 열심히 땅을 갈고, 거름을 주고, 과실나무를 가꾸어도 태풍이 한 번 불고, 한파가 갑자기 덮치면 모든 노력이 한 순간에 수포로 돌아갑니다.

그래서 전도서 기자는 '해 아래 수고가 헛되고 헛되

다'라고 노래합니다. 수고가 헛되니 수고하지 말자는 것이 아닙니다. 병아리가 부화되기 위해서는 알 속에서 병아리가 힘을 써야 하지만 밖에서는 어미 닭이 부리로 쪼아 주어야 합니다. 알을 깨어 세상에 나온 병아리가 자신의 힘만으로 세상에 나왔다고 뻐긴다면 그거야말로 '햇병아리 소리'밖에 되지 않는 것입니다.

세상은 내 힘만으로, 내 노력만으로, 내가 마음먹은 대로 다 되는 것이 아님을 인생의 노년기에 깨닫는다면 그 사람에게는 남은 시간이 별로 없습니다. 그래서 청년의 시기가 중요한 것입니다.

모세가 말합니다. '우리에게 우리 날 계수함을 가르치사 지혜로운 마음을 얻게 하소서."(시 90:12)

진정 지혜로운 사람은 자신의 날을 계산할 줄 압니다. 이 땅 위에서 영원한 것은 아무것도 없습니다. 그냥 열심히 살다 열심히 죽으면 그 인생이야말로 '영원히 망하는 인생'입니다. 열심히 사는 것보다 중요한 것은 바르게 사는 것이요, 바르게 사는 것보다 중요한 것은 지혜롭게 사는 것이요, 지혜롭게 사는 것보다 중요한 것은 믿음으로 사는 것입니다. 그래야 구원을 받을 수 있습니다. 구원이란 무엇입니까? 내 인생 위에 임한 하나님의 '플러스 알파의 은혜'입니다.

하나님의 VIP

집 나간 아들을 기다리는 아버지에게 누가 VIP일까? 당연히 돌아온 아들이다. 아들이 잘나서가 아니다. 훌륭해서가 아니다. 돈을 많이 벌어 와서도 아니다. 그냥 아들이기에!

아들은 아버지에게 언제나 VVIP이다! 하나님의 VVIP는 언제나 나와 당신입니다!

죄인 중심의 교회

교회는 영적인 질병을 다루는 곳입니다. 죽을 병에 걸린 사람이 헬스클럽에 갈 리가 없습니다. 헬스클럽은 건강한 사람이 갑니다. 교회는 헬스클럽이 아닙니다. 그러나 오늘날 많은 교회들이 건강한 신자들만 환영한다는 느낌을 받습니다. 우리가 살면서 실제로 하나님을 경험하는 때는 건강할 때보다는 낙담하고 상처받고 고통 가운데 있을 때 하나님의 놀라운 은혜를 받아들입니다. 병원에 가기에는 너무 건강이 악화되어 병원 가는 것을 포기하거나 아니면 병원에서 입원 거부를 당한 적이 있습니까? 물론 그 병원의 능력으로 치료하지 못할 병이라면 더 큰 병원으로 가 보라고 할 것입니다. 그러나 병원이 환자의 아픈 모습을 보고 싶지 않다고 받지 않는다는 것은 있을 수 없는 일입니다.

교회가 언제부터 성도들의 아픔과 영적 필요를 채

워 줄 책임으로부터 해방되었습니까? 하나님의 은혜에
대하여 이야기하면서도 다른 사람들의 육체적, 영적 필
요에 대하여 나 몰라라 하는 것은 하나님의 심판을 받을
일입니다.

우리 교회는 '의인 중심의 교회'가 아닌 '죄인 중심
의 교회'여야 합니다.

소외로부터의 해방

현대인의 불행은 어디에서 오는 것일까요? '소외'입니다.

첫째는 공동체로부터의 소외입니다. 공동체로의 소속감은 삶의 안정감과 행복감을 느끼게 합니다. 하나님께서 우리에게 주신 귀하고 아름다운 두 가지 공동체가 바로 '가정'과 '교회'입니다. 가정과 교회에서의 '소외'는 바로 삶의 불행으로 연결되어집니다. 먼저 알아야 할 사실은 가정과 교회는 사람의 필요에 의해서가 아니라 하나님의 필요에 따라 세우신 것입니다. 하나님께서 아담과 하와로 하여금 가정을 이루게 하셨으며 친히 교회의 머리가 되셨습니다. 이러한 가정에서 소외된 병사들이 너무 많습니다. 부모의 이혼을 숨기며 창피하거나 부끄럽게 여기는 것은 옛말이 되었습니다. 군 선교는 청년 선교인 동시에 미래의 가장을 세우는 선교입니다. 청년들이 믿음을 갖게 되면 장차 아름답고 건강한 가정을 세우게 될 것입니다. 교회가 세상의 소금과 빛의 사명을 감당하지 못하게 됨으로 세상이 교회를 염려하는 시대에 살고 있습니다. 공동체에서 '소외'된 자를 품어 주는 교회가 되어야지 세상이 교회를 '소외'시키도록 유기하면 안 됩니다.

둘째는 일에서의 소외입니다. '명퇴(명예퇴직)', '조퇴(조기퇴직)' 등으로 생존에 위협을 받고 있고, 청년들은 취업문제로 고통 받고 있습니다. 참으로 불행한 사람은 할 일이 없는 사람이요, 행복한 사람은 할 일이 있는 사람입니다. 가정에서도 직장에서도 할 일이 있다는 것이 행복한 것입니다. 마찬가지로 교회에서도 감당해야 할 몫이 있는 성도는 행복한 성도요, 아무런 사역이 없다면 불행한 성도입니다. 가정에서 그리고 교회에서 할 일이 있는 성도는 행복한 사람입니다.

셋째는 자기 자신으로부터의 소외입니다. Who am I? 현대인들은 내가 누구인지를 모르고 삽니다. 그저 바쁘게 살아갑니다. 바쁘게 살다 보니 인생의 방향이나 목적이 없습니다. 방향이나 목적이 없으니 순간순간의 쾌락과 세상적 가치에 올인하지만 거기에는 '소외'만이 가득합니다.

넷째는 하나님으로부터의 소외입니다. 사람의 불행은 궁극적으로는 하나님을 모르고 살기 때문입니다. 하나님을 모르기 때문에 하나님께서 주시는 영적 양식을 먹지 못합니다. 사람은 IQ(Intelligence Quotient)나 EQ(Emotion Quotient)만으로 사는 존재가 아닙니다. SQ(영적 지수, Spiritual Quotient)가 있어야 합니다. 바로 하나님을 아는 지식, 나아가 하나님을 만나야 합니다. 사람은 '하나님의 형상'(Imago Dei)으로 지음 받았기 때문에 하나님이 없는 인생의 존재는 '허무'할 수밖에 없습니다. 그래서 솔로몬은 전도서에서 "하나님 없는 인생은 헛되고 헛되니 헛되고 헛되도다"라고 고백하고 있는 것입니다.

'소외로부터의 해방!' 예수 그리스도 안에서 시작됩니다!

"너는 청년의 때에 너의 창조주를 기억하라."(전 12:1)

제5부 소명과 사명

신앙생활이란

바로 세상의 중심, 우주의 중심이 내가 아니라

온 우주만물을 창조하시고

지금도 운행하시는

전지전능하신

하나님 중심의 세계관을 갖고 살아가는 것입니다.

삶의 중심,

세상의 중심,

우주의 중심이

바로 하나님이시라는 사실을

인정하고 고백하고 찬양하는 것입니다.

무기력한 기독교

한 주간 동안 서울 삼성동의 '그 나무 클리닉'에서 '자살예방전문가 과정 4단계' 교육을 받았습니다. 앞으로 5단계가 한 번 남아 있습니다. 일주일 내내 아침부터 저녁까지 의자에 앉아 있는 것은 정말 고문(?)에 가까웠습니다.

힘든 하루를 뒤로 하고 저녁에 동기 목사님과 코엑스 영화관을 찾았습니다. 그리고 '그놈 목소리'라는 영화를 관람하였습니다. 1992년에 발생한 '김형호'군 유괴 사건을 다룬 영화였습니다. 많은 부분을 각색하였지만 실화에 바탕을 둔 영화였습니다. 1992년도는 제가 대학원에 다닐 때여서 지금도 기억이 생생한데 실제 범인의 목소리를 들려주니 속에서 '의분'이 치밀어 올라왔습니다.

영화가 끝난 후 가장 먼저 집에 전화를 해서 세론

이, 태론이와 통화했습니다. 유괴범에 의해 억울하고 안타깝게 죽은 형호가 비만이었는데 제 아이도 실제도 통통하기 때문에 비슷한 느낌이었습니다. 대학원 다닐 때 그 사건을 접했을 때는 그저 안타까움 정도였다면 아빠가 된 지금은 그 영화를 보면서 내내 속으로 울었습니다. 특별히 두 손이 묶이고 발이 묶인 채 땅속에서 발견된 모습은 충격과 비통함 그 자체였습니다. 너무 기가 막혔습니다. 형호의 실제 부모님은 아직도 그 가슴이 아물지 않았을 것입니다. 그리고 아직 범인이 잡히지 않았으며 공소시효가 끝났기 때문에 설령 잡히거나 자수한다 해도 법적으로는 처벌할 수 없다고 합니다. 동기 목사와 공동으로 한 말은 '공소시효 없애야 돼!'였습니다.

한 가지 안타까운 점은 영화에 등장하는 기독교, 곧 기독교를 상징하는 목사와 집사들은 부정적인 존재로 묘사되고 있으며 삶의 고난 속에서 남편은 십자가를 부수고 소위 교회 집사인 엄마는 성경을 한 장 한 장 찢으며 하나님을 향해 원망을 하였습니다.

그 영화를 보면 하나님은 도무지 계시지 아니하며 무기력한 하나님이었습니다. 아니 하나님은 존재하지 않는 허상의 존재였으며 그 하나님을 믿으라고 설교하는 목사는 비열한 인간이요, 그를 따르는 성도들은 저급한 수준의 사람들일 뿐이었습니다.

이 시대에 기독교인으로 살아가는 것은 힘든 일입
니다. 그래서 주님은 그 길이 넓은 길이라 하지 아니하
시고 좁은 문이요, 좁은 길(마 7:13)이라고 말씀하셨습
니다. 그리스도인이 걷는 길은 분명 좁은 길이요, 십자
가의 길이지만 그 길은 진리의 길이요, 의의 길이요, 영
생의 길이요, 구원의 길입니다. 힘내세요! 성령님께서
함께 하실 것입니다.

붕어빵 기독교

저는 붕어빵을 좋아합니다. 붕어를 좋아하는 것이 아니라 붕어빵 속에 들어 있는 팥을 좋아합니다. 팥을 좋아해서 아이스크림도 팥이 든 것만 먹습니다. 붕어빵은 붕어를 닮아서 붕어빵이라고 하는 것이지요! 그러나 붕어빵은 붕어하고는 차원이 전혀 다릅니다. 왜냐하면 붕어 맛이 아니기 때문입니다.

붕어빵을 보면서 오늘의 기독교를 묵상했습니다. 오늘의 기독교에는 예수님이 들어 있는가? 혹시 '붕어빵 같은 기독교'는 아닌가? 예수님의 겉모습을 갖다 놓았지만 그 속이 전혀 예수님이지 않은 것으로 채워졌다면 기독교는 붕어빵과 같은 기독교일 것입니다.

붕어빵 기독교란 '예수님 없는 기독교', '예수님의 복음을 왜곡하는 기독교', '예수님의 뜻이 구현되지 않는 기독교', '예수님 자체가 왜곡되는 기독교'일 것입니다.

과연 누가 붕어빵 기독교를 만들어 낼까요? 붕어를 파는 사람, 즉 목사입니다. 회칠한 무덤은 겉은 깨끗하게 보이나 속은 썩은 시체처럼 붕어빵 기독교, 붕어빵 목사는 겉은 그럴 듯해 보이나 속은 썩은 것으로 가득찼습니다.

회칠한 무덤은 예수님과 관계없습니다. 예수님의 무덤은 빈 무덤이었습니다. 부활했기 때문입니다. 신앙적으로 부활신앙을 소유하지 못하면 무덤에 썩어져 가는 것을 간직하고 살아갑니다. 자신이 소유하고 있는 것이 영원한 것인 줄 착각하고 살아가는 것입니다.

어느 누구도 붕어빵 속에 붕어가 들어 있지 않다고 항의를 하지는 않습니다. 그러나 기독교인 속에 예수님이 없다면 세상 사람들은 비난할 것이고, 교회를 등질 것입니다. 목회를 하면서 예수님 없는 목사, 예수님 없는 장로, 예수님 없는 권사, 예수님 없는 집사가 가능하다는 위대한 발견(?)을 했습니다.

요즘 많은 크리스천들이 행복한 사역자가 되기를 원합니다. 행복한 사역자는 내 속에 예수님이 없을 때 아닐까요? 왜냐하면 내 속에 예수님으로 충만한 채 사역을 감당하려면 싫은 자리, 험한 자리, 고난의 자리를 찾아 가기 때문입니다.

오늘 내 속에 진짜 맛있는 팥앙금을 채우고 싶습니다!

세상이 미워하는 사람

세상은 그리스도인을 미워하게 되어 있습니다. 우리가 세상으로부터 인정받으려다 보니 그 수단과 방법이 하나님이 보시기에 바르지 못한 것들이 많습니다.

그리스도인이 참된 신앙을 통해서 세상의 존경을 받는다면 얼마나 좋겠습니까? 그리고 세상이 그리스도인의 도덕과 윤리가 타락해서 미워한다고 하면 그것은 정말 미움을 받아도 마땅합니다.

세상이 그리스도인을 미워하는 경우는 두 가지입니다. 예수님의 제자로서 행동하지 못할 때나 예수님의 제자로서 올곧게 살아갈 때입니다.

세상으로부터 미움을 받지 않는 방법도 있습니다. 적절하게 세상과 타협하고 살아가십시오! 예수님을 믿되 깊이 빠지지 마십시오! 세상으로부터 미움을 받든지 아니면 환영을 받든지 그것은 당신 선택의 몫입니다.

내 영혼의 안경

논산 육군훈련소에 있을 때 안경을 새로 구입한 후 거의 10년의 세월이 흘러 안경테를 바꾼 것입니다. 동일한 안경테가 나오지 않아서 할 수 없이 새로운 안경테를 골랐습니다. 어떤 안경테는 너무 젊은 층이고, 어떤 안경테는 너무 나이 들어 보이고…….

청년들이 쓴 안경테가 아무리 멋있게 보여도 그것을 제가 착용하니까 뭔가 부자연스러움을 느낍니다. 안경테 하나 새로 바꾸는 것이 이렇게 힘든 줄 몰랐습니다. 안경테를 고르면서 제가 '낀 세대'에 살고 있음을 깨달았습니다.

한참을 고르다 비로소 마음에 드는 안경테를 발견했는데 또 다시 문제가 생겼습니다. 바로 가격 문제입니다. 마음에 드는 안경테는 고가였고, 마음에 들지 않는 것은 좀 저렴하였습니다. 고심하다 그래도 안경은 내 얼굴이니 조금 비싼 것을 구입하기로 했습니다. 물론 친절한 사장님이 많이 깎아 주었습니다.

새로 구입한 안경을 쓰니 세상이 시원하게 보입니다. 새 안경을 쓴 후 묵상합니다. 내 영혼의 안경은 녹슬지 않았는지……. 내 영혼의 안경은 하나님을 잘 보고 있는지…….

세상의 안경이야 돈만 주면 얼마든지 좋은 것을 구입할 수 있지만 우리 영혼의 안경은 돈으로 구입할 수 없고, 권력으로 구입할 수 없고, 힘으로 구입할 수 없습니다. 사실 인생의 문제는 시력의 문제가 아니라 시각(視覺)의 문제입니다.

동일한 환경과 조건에 대하여 사람들마다 나름의 시각이 있습니다. 그 시각이 긍정적이냐, 부정적이냐, 믿음으로 보느냐, 불신으로 보느냐에 따라서 전혀 다른 모습으로 보이게 될 것입니다. 세상은 시력이 나빠서 실패하는 인생들이 아니라 시각이 잘못되어서, 시각이 바르지 못해서 잘못되는 것입니다.

성경은 분명히 증거하고 있습니다. 인생에서 승리한 사람들은 모두 믿음의 안경, 믿음의 시각으로 보았다는 것을……. 오늘 우리나라가 처한 국내, 국외의 상황들에 대하여 정부와 여당과 야당의 시각이 서로 다릅니다. 과연 우리 그리스도인들은 어떤 시각을 가져야 할지 주님께 조용히 여쭈어 봅니다.

오늘도 주님의 몸된 지체들이 모여서 예배하고 교제할 것입니다. 이 아름다운 공동체를 통하어 우리 영혼의 안경이 깨끗해지고, 거룩해지고, 성결해져서 믿음의 시각으로 세상을 보고, 천국을 바라볼 수 있기를 소원합니다.

교회의 문을 닫아라!

우후죽순으로 생겨나는 교회들! 아니 자고 일어나면 새로이 생겨나는 십자가들과 교회 간판들! 바야흐로 현대 도시는 교회 홍수 시대를 이루고 있습니다.

도시의 어디를 보아도 빌딩마다 십자가 없는 곳이 없을 정도로 빌딩에 세를 들어 사는 교회는 넘쳐납니다. 세를 들어 사는 교회들뿐만이 아니라 멋진 교회들이 서로 코를 맞닿을 정도로 붙어 있습니다. 과연 이 모습들을 어떻게 보아야 할까? 물론 교회만 많겠습니까? 미장원은 더 많고, 유흥시설은 더 많습니다. 그럼에도 불구하고 교회가 많은 것에 대하여 유독 세상 사람들의 이마가 찌푸려지는 이유는 무엇일까요? 그것은 교회가 교회로서의 사명을 감당하지 못하는 데 있을 것이요, 마귀의 끊임없는 교회 파괴공작 때문일 것입니다.

그런데 마귀가 주는 파괴공작이 외부의 문제라고

하면 정말 문제는 교회가 교회답지 못한 내부의 문제에 있습니다. 교회가 성스러움을 입기보다는 오히려 다른 어떤 건물보다도 더 세속화되었으며 사람들 눈에 교회가 천박하게 비쳐진다는 것입니다. 왜 이렇게 교회의 이미지가 만신창이가 됐을까요? 그것은 교회가 교회의 생존을 유지하는데 급급하기 때문일 것입니다. 교회가 구원을 이루고 하나님의 사랑을 세상에 확장해 나가는 곳이 아닌 목회자나 교인들의 욕심을 이루는 도구로 전락했기 때문일 것입니다.

아! 이 땅의 수많은 교회들이여! 하나님의 뜻을 빙자하거나 가장하여 목회자 개인의 욕심을 채우는 교회라면, 세상 사람들 보기에 손가락질을 당하는 교회라면 차라리 교회 문을 닫으십시오! 그것이 하나님께 영광 돌리는 것이 아니겠습니까?

'우리 교회는 하나님 보시기에 과연 필요한 교회입니까?'

세상의 중심

아기가 태어날 때 소위 '자의식', 즉 '내가 존재한다' 라는 의식을 갖고 있지 않다고 합니다. 내가 나인 것을 모르고 그저 살아가는 것입니다. 그런데 신기하게도 어린아이들이 엄마를 향해 요구하는 것을 보면 끊임없이 자기중심적인 요구를 합니다. 예를 들어 생리현상으로 자리가 축축해지면 웁니다. 배가 고파도 웁니다. 그러면 엄마가 모두 해결해 줍니다. 그래서 자신이 소위 '전능자'인 것으로 착각합니다. 자신에게 불편한 일이 발생했을 때 그저 울면 자동적으로 해결되기 때문입니다. 이것을 '전능경험'이라고 합니다. 그러나 이러한 전능경험이 성장하면서 조금씩 변하기 시작합니다. 자신이 전능자가 아니요, 자신이 세상의 중심이 아니라 바로 자신보다 더 위대한 존재가 있는데 그것이 엄마와 아빠라고 생각하게 됩니다. 자신이 해결할 수 없는 삶의 문제를 해결해 주는 전능자인 '엄마'와 '아빠'를 의식하게 됨과 동시에 엄마, 아빠에 대한 상대적 의존도가 높아집니다.

그러다 사춘기에 들어서면 세상의 중심이 엄마와 아빠가 아니라는 사실에 충격을 받습니다. 아빠와 엄마도 전능자가 아니라는 사실을 분명하게 인식하게 됨과 동시에 인간의 연약성과 유한성 앞에 절망하게 됩니다. 때로는 그것이 과해서 반항이나 탈선으로 이어집니다. 이렇게 세상의 중심이 '자기'에게서 '부모'에게로, 그리고 더 힘센 그 무엇(절대자)에게로 옮겨 가게 됩니다. 이 과정이 바로 신앙을 갖게 되는 과정입니다.

신앙생활이란 바로 세상의 중심, 우주의 중심이 내가 아니라 온 우주만물을 창조하시고 지금도 운행하시는 전지전능(全知全能)하신 하나님 중심의 세계관을 갖고 살아가는 것입니다. 삶의 중심, 세상의 중심, 우주의 중심이 바로 하나님이시라는 사실을 인정하고 고백하고 찬양하는 것입니다. 우리는 찬양과 기도와 말씀을 통해서 하나님의 마음을 알게 됩니다.

그리고 하나님의 마음을 읽고, 알고, 깨닫는 순간 한없는 삶의 희열과 행복을 느끼게 됩니다. 오늘도 우리가 주일에 예배드리러 나온 것은 바로 이런 고백입니다.

"세상의 중심은 바로 하나님이십니다!"

믿음은 반응이다

하루하루 살아가는 것이 치열한 전투현장 같은 것이 오늘 우리들에게 주어진 현실입니다. 군인교회에 태풍의 계절이 있습니다. 바로 진급 시즌입니다. 이 시기가 되면 예외 없이 교회, 성당, 법당 등에서 많은 신자들이 열심히 기도를 드립니다. 그리고 그 시즌이 끝나면 썰물처럼 빠져 나갑니다. 그런 모습들을 대할 때면 참으로 개그 콘서트의 한 프로그램처럼 '씁쓸하구만~~'하는 마음을 지울 수가 없습니다. 신앙의 철저한 도구화 앞에 목회자로서 무력감을 느끼지 않을 수 없습니다.

다윗 왕은 '하나님 마음에 합한 사람'이라고 했습니다. 즉 다윗 왕은 하나님을 향하여 하나님의 마음에 합당한 반응을 일으킨 사람이었습니다. 물론 그는 중도에 잘못된 정욕의 반응을 보여 침상이 젖도록 회개를 해야 했습니다.

삶에 다가오는 수없이 많은 문제들이 있습니다. 불신자나 크리스천이나 때로는 동일하게 때로는 비슷하게 환경이 주어집니다. 그때 우리는 무엇으로 믿음을 보여 줄 수 있습니까? 주어진 환경과 조건에 대한 '반응'입니다.

다가오는 환경에 생각이 먼저 격렬하게 반응합니다. 생각이 반응을 한 후에는 몸이 반응합니다. 그래서 나의 행동이 만들어집니다. 그리고 사람들은 나의 생각과 마음을 평가하는 것이 아니라 나의 보여지는 행동으로 평가를 합니다. 이처럼 결국 우리의 행동 속에는 나의 생각과 마음이 고스란히 녹아져 있는 것이고, 우리의 믿음의 수준과 내용이 담겨져 있습니다.

"내 삶의 반응이 내 믿음의 모습이다!"
"Faith is response, Faith is reaction!"

소명과 사명

요즘 소명과 사명이란 말을 많이 사용합니다. 그러면 소명과 사명이란 무엇일까요? 소명(召命)이란 '세상 가운데 하나님으로부터 부름 받은 것'을 말하고, 사명(使命)이란 '세상 가운데 보내심을 받은 것'을 뜻합니다.

그리스도인이란 하나님의 자녀로 부르심을 입은 사람을 말합니다. 그러므로 모든 그리스도인은 소명을 받은 것입니다. 부모가 자녀를 부르는 데에는 어떤 이유나 목적이 있듯이 하나님의 부르심에도 그 부르심의 이유와 목적이 있습니다. 그 목적을 이루기 위해서 주신 것이 바로 '사명'입니다. 그러므로 사명 없는 그리스도인은 형식적인 신앙생활을 할 수밖에 없습니다. 하지만 현대 기독교인은 부르심을 받은 것으로만 만족하고 다시 세상을 향해 하나님의 사명을 감당하려고 하지 않습니다. 현실에 안주합니다. 험난한 십자가의 길은 외면하고 육신의 편안함만 도모하려 합니다. 결국 하나님의 부르심의 목적을 외면하고 살아갑니다.

믿음의 조상들은 한결 같이 소명을 받았고, 그리고 사명을 충성스럽게 감낭하였습니다. 아브라함은 많은 사람들 중에 선택받았으며(Choosing), 부름을 받았습니다(Calling), 그리고 나아가 모든 민족을 향한 믿음의 아버지로 보내심을(Sending) 받았습니다.

모세가 120세의 나이로 느보 산에 올라 별세한 것은 나이가 많거나 건강을 잃었기 때문이 아니라 맡겨진 하나님께서 주신 사명을 모두 감당하였기 때문입니다.

그리스도인의 삶의 시작은 '소명'입니다. 그리스도인의 삶의 마침은 '사명'입니다!

영적 인지불능

자신의 감정을 깨닫지 못하는 증상을 '감정 인지불능'(Alexithymie)라고 합니다. 예를 들어 분노할 일이 생겼을 때 분노의 감정을 깨닫는 사람이 있는가 하면 그렇지 못한 사람이 있습니다. 물론 그 '분노'의 감정을 어떻게 처리하느냐는 것은 별개의 문제입니다. 분노라는 것은 '자신의 욕구가 심하게 손상되었을 때' 생기는 감정입니다. 또 슬픔이란 것은 '어떤 욕구가 충족되지 못했거나 아니면 지속적으로 결핍될 때' 생기는 감정입니다. 그러므로 건강한 사람은 자신의 내면 안에서 일어나는 다양한 감정의 소리에 반응할 줄 아는 사람입니다. 이처럼 자신 안에 일어나는 감정의 문제를 깨닫는지 여부가 건강성을 나타내는 것이라고 한다면 우리의 신앙생활 가운데 '내 영'이 제대로 인지하고 사는지에 대하여 관심을 가질 필요가 있습니다.

하나님의 말씀을 읽고, 수없이 들음에도 불구하고 자신의 영적 상태에 대하여 깨닫지 못한다고 하면 '영적 인지불능 신자'일 수밖에 없습니다.

아담과 하와가 하나님 말씀보다 사탄의 말에 귀를 기울이고, 하나님의 말씀에 순종하기보다 사탄의 유혹을 따랐을 때 저들은 자신의 영적 상태가 어떤지 깨닫지 못했습니다. 그래서 하나님의 낯을 피하여 동산 나무 사이에 숨었습니다. 동생 아벨을 들에서 돌로 쳐 죽인 후 "네 동생이 어디 있느냐?"는 하나님의 질문에 '내가 동생을 지키는 자니이까?'라며 분을 발한 가인의 모습 속에서 '영적 인지불능'의 모습을 발견할 수 있습니다. 십자가 사건 이후에 갈릴리로 돌아가서 '다시 고기잡이'에 열중하는 제자들의 모습 속에서 영적 인지불능의 모습을 발견할 수 있습니다. 결국 '영적 인지불능'이란 순간적으로 하나님을 떠난 영적 상태를 말하는 것입니다. 그래서 '영적 인지불능'에 빠지면 찬송과 기도는 멀리하게 되고, 하나님의 말씀보다도 사람의 말에 귀를 기울이며 애굽의 바로와 같이 '강퍅한 마음'으로 하나님을 대적하는 사람으로 살게 되는 것입니다.

오늘 당신의 삶 속에 '영적 인지불능'의 모습은 없습니까?

목자와 양

　　예수님은 우리 인생 전체를 통틀어 '본보기'가 되시는 분이십니다. 그래서 많은 교회에서 '제자훈련'을 합니다. 제자훈련이란 무엇입니까? 바로 예수님을 닮아 가는 훈련입니다. 그렇다면 어떻게 하면 예수님을 닮을 수 있을까요? 많은 성경지식을 쌓으면? 교회에 빠지지 않고 수많은 행사에 참석하면? 부부가 오래 살면 닮는다고 합니다. 저희 부부도 20년밖에 살지 않았지만 닮았다는 소리를 많이 듣습니다. 그 이유가 무엇일까요? '함께 살기' 때문입니다.

　　이처럼 예수님을 닮는 방법은 예수님과 함께 사는 것입니다. 주님이 내 안에 임하시고 내가 주 안에 살면 됩니다. 닮음의 문제는 지식의 문제가 아니라 관계의 문제요, 삶의 문제입니다. 그러므로 제자훈련은 제자공부가 아닙니다. 성경지식을 많이 쌓아 두는 것도 아닙니다. 제자들은 예수님과 3년 동안 동고동락했습니다. 함께 걷고, 함께 이야기하고, 함께 먹고, 함께 잠을 잤습니다. 물론 그 후 제자들이 진정한 사도로 거듭난 것은 '십자가 사건과 부활, 그리고 승천과 성령체험'을 했기 때문인 것은 두말할 나위가 없습니다.

주님은 모든 족속으로 제자를 삼기 위하여 거룩한 보혈로 '교회'를 세우시고 그 교회 안에 '목사'와 '성도'를 각각 불러 거룩한 공동체로 삼아 주셨습니다. 그 교회 안에서 주님이 원하시는 목자와 양의 모습은 무엇일까요? 그런데 정말 이 시대의 목자(목사)와 양(성도)는 얼마나 함께 이야기하고, 함께 먹고, 함께 삶을 나누고 있을까요?

토요일 오후에는 가능하면 주일에 지장을 받지 않기 위해서 만나지 않지만 집사님의 요청을 거절할 수 없었습니다. 함께 저녁식사를 하고 차를 마시며 밤늦도록 삶의 깊은 대화를 나누었습니다. 육신은 좀 피곤했지만 참 행복한 시간이었습니다. 예수님이라면 그런 만남을 즐겁게 하셨을 것이라는 생각에…….

목회란 '목자와 양이 함께 삶을 나누며 살아가는 것'이 아닐까요?

어린 양 예수

엊그제 TV에서 몽골 초원의 삶을 보여 주었습니다. 그들은 양과 말을 키우고 있었습니다. 그런데 간밤에 늑대가 양과 말을 공격해서 몽땅 먹어 치웠습니다. TV는 용하게도 늑대가 양을 잡아 목덜미를 물어 죽이는 장면을 촬영하였습니다. 늑대가 양을 죽이는 장면에서 양은 처절하게 울며 몸부림치다 숨통이 끊어지자 그쳤습니다.

그 장면을 보면서 어린 양 되신 예수님이 생각났습니다. 예수님은 목자인 동시에 양입니다. 이 사실이 언뜻 이해가 되지 않습니다. 사람은 목자가 될 수 있습니다. 쉽지는 않겠지만 얼마든지 양치기, 목동, 목자의 삶을 살 수 있습니다. 그렇지만 사람은 양이 될 수 없고, 양으로 살아갈 수는 없습니다. 물론 은유적인 표현으로 '성도'를 '양'으로 표현할 수 있습니다. 그러나 예수님은 정말 '양'이 되어 주셨습니다. 양처럼 늑대 같은 사탄 권세에 의해 십자가에서 철저히 그 몸이 찢겨지셨습니다. 제사장이 드린 속죄의 제물이 되어 십자가를 제단으로 하나님께 드려지셨습니다. 그러고 보니 예수님은 1인 2역을 감당하시는 분이십니다. 우리의 삶의 목자가 되어 인도하시며, 우리를 대신하여 양으로 제물이 되어 주셨습니다. 이것이 '은혜'입니다. 이 땅에 목자로 오신 주님! 양으로 오신 주님을 가슴 깊은 곳에서 기다립니다.

"나는 선한 목자라 선한 목자는 양들을 위하여 목숨을 버리거니와"(요 10:11)

"보라 하나님의 어린 양이로다."(요 1:36)

믿음의 달인

코미디 프로그램 중에 '달인'이란 장수 코너가 있습니다. 한 개그맨이 몸 개그의 진수를 보여 주는 인기 프로그램입니다. 그래서 그 코너를 보면서 은근히 응원합니다. 아마추어가 얼마나 연습을 많이 하는지 정말 달인의 경지에 오른 내용도 있습니다. 개그 코너에만 달인이 있는 것이 아닙니다. '생활의 달인'이란 코너도 있습니다. 각종 일상의 직업 가운데서 신기에 가까울 정도로 일을 하는 분들을 보면 감탄사가 저절로 나옵니다. 그런 달인이 되기 위해서 비결이 무엇이냐고 물으면 한결같은 대답이 '반복이요, 다음으로는 그 일을 즐긴다는 것'입니다. 그래서 어떤 분야에 달인이 되기 위해서는 1만 시간을 투자해서 반복하면 된다고 말하는 분도 있습니다.

신앙생활은 '반복생활'입니다. 찬송과 기도와 말씀을 주님 앞에 가는 날까지 반복하고 또 반복하는 것입니다. 반복은 중요하기 때문에 하는 것입니다. 그 반복은 반복으로 끝나는 것이 아니라 새로운 창조를 가져옵니다. 그 반복이 내 신앙을 견고하게 하고 나를 '믿음의 달인, 신앙의 달인'으로 만들어 갈 것입니다.

부활절이나 추수감사절, 그리고 성탄절같이 반복되는 교회 절기가 '지루함'이나 '영적 무감각'이 아닌 믿음이 새롭게 창조되는 시간이 되기를 원합니다.

주님 앞에 서는 날, 우리 모두 '믿음의 달인'이라는 인증서를 받기를 기도합니다.

개그 콘서트

신학자 칼 바르트(Karl Barth)는 '목사는 한 손에는 성경을, 한 손에는 신문을' 들고 있어야 한다고 말했습니다. 그런 차원에서 저 나름대로 이 시대의 상황(Context)를 읽는 방법 중 하나가 '개그 콘서트'라는 프로그램을 시청하는 것입니다. 최근 인기를 얻는 코너 중에 하나가 '감수성'이라는 코너이고, 또 '감사합니~다'라는 코너입니다. '감수성'은 몇 마디 말을 하면 곧 바로 그것이 의도한 바와는 상관없이 상대방이 상처를 받게 되고 그래서 '삐치는 과정'을 묘사합니다. 이 코너를 보면서 세상을 살아가면서 상대방에 대한 세심한 배려가 얼마나 중요한 일인지, 그리고 무심코 던진 한마디가 상대방에게 얼마나 엄청난 상처가 되는지를 깨닫게 됩니다.

'감사합니~다' 코너에서는 상식을 뛰어넘는 감사를 합니다. 예를 들면 고3 학생이 대학에 진학하지 못하면 그 부모가 비싼 등록금 때문에 걱정하지 않아도 되어서 아들에게 감사한다는 내용입니다.

두 코너의 공통점이 있다면 역설과 풍자와 해학이 들어 있다는 것입니다. 물가인상, 등록금, 취업전쟁, 실직, 명퇴 등 각박한 현실에서 생기는 긴장과 스트레스에 사람들이 지쳐갑니다. 그래서 이런 개그를 통해 일말의 위로와 희열을 맛보게 됩니다.

'감수성' 코너를 보면서 "쉽게 상처 받지 않기로! 아니 상처를 주어도 안 받기로!" 그리고 '감사합니~!다' 코너를 보면서 '진정한 삶에 감사를 드리기로!' 결단해 봅니다.

제자의 길

　제자의 길이란 예수님을 따라 사는 것을 말합니다. 예수님을 따라 사는 방법을 주님은 이렇게 말씀하셨습니다. "누구든지 나를 따라오려거든 자기를 부인하고 자기 십자가를 지고 나를 따를 것이니라."(마 16:24)

　자기 부인과 자기 십자가를 지는 것이 제자의 길의 전제조건임을 알 수 있습니다.

　그렇다면 누가 예수님의 제자일까요?

　첫째, 예수님의 말씀 안에 거하는 자가 제자입니다.

　"너희가 내 말에 거하면 참으로 내 제자가 되고"(요 8:31)

　주님의 말씀에 순종하는 사람! 그 말씀을 따라 사는 사람이 제자입니다.

　둘째, 서로 사랑하는 자가 제자입니다.

　"너희가 서로 사랑하면 이로써 모든 사람이 너희가

내 제자인 줄 알리라.”(요 13:35)

제자는 서로 사랑하는 사람입니다. 서로 사랑하기 위해서는 내 안에 예수님께서 부어 주시는 그 십자가의 사랑으로 충만해야 합니다.

예수님께서 골고다 언덕에서 십자가를 지실 때 많은 사람들이 주변에 있었습니다. 주변에 있었던 사람들과 그 십자가를 삶 속에서 경험한 사람은 다릅니다. 오늘도 십자가 주변에 서성이는 것이 아니라 주님의 십자가를 깊이 경험함으로 주님이 가신 길을 따르는 제자의 삶을 살 수 있습니다.

셋째, 열매를 맺는 자가 제자입니다

“너희가 열매를 많이 맺으면 내 아버지께서 영광을 받으실 것이요 너희는 내 제자가 되리라.”(요 15:8)

과일나무의 존재 가치는 추수기에 풍성한 과일을 농부에게 내어 주는 데에 있습니다. 그렇다면 예수님의 제자는 어떤 열매를 맺어야 할까요?

“오직 성령의 열매는 사랑과 희락과 화평과 오래 참음과 자비와 양선과 충성과 온유와 절제니”(갈 5:22~23)

프린터 오류

　　어찌된 일인지 컴퓨터에서 출력을 하면 계속해서 엉뚱한 내용만 인쇄되어 나왔습니다. 이상한 기도들만 종이에 가득 쓰여 있었습니다. 아까운 복사용지가 계속해서 허비되었습니다. 그래서 그 사용된 것을 다시 복사기에 넣었습니다. 얼마나 오류인쇄를 할까 오기가 나서 용지를 뒤집어서 넣었는데 끝이 없습니다. 계속해서 프린터는 엉뚱한 것만 인쇄를 합니다. 시간 낭비 그리고 복사용지 낭비가 이만저만이 아닙니다. 원인을 알 수 없어 짜증도 났습니다.

　　그러다 문뜩 우리의 삶도 이와 같다는 생각이 들었습니다. 하나님께서 사랑하라고 입력하셨지만 우리는 사랑하지 못하는 오류의 삶을 내어 놓습니다. 충성하라고 입력하셨지만 게으릅니다. 헌신하라고 입력하셨지만 내 이익이 앞장섭니다. 아! 그러고 보니 제 인생이 때로는 고장난 프린터 같은 많은 인쇄오류를 출력하고 있음을 깨달았습니다.

　복사기를 탓하기 전에 제 자신부터 탓해야 하겠습니다. 복사용지야 앞면을 사용하고 후에 뒷면을 재사용할 수 있지만 우리에게 주어진 인생은 재사용할 수 있는 기회가 없습니다.

　오늘도 하나님께서 나에게 입력하신 그 말씀 그대로를 내 삶 속에 출력해서 드리고 싶습니다.

안수의 의미

안수(按手)는 기독교 신앙 행위에서 매우 중요한 가치를 가지고 있습니다. 교회에서 항존직으로(안수집사, 권사, 장로, 목사) 임직할 때 임직자들은 안수를 받습니다. 임직자들은 그 안수의 의미를 알고 받아야 합니다.

첫째, 안수는 제물이 되는 것입니다.

소, 양, 염소, 비둘기 중에서 제물로 바칠 동물을 제사를 드리는 자가 그 머리 위에 안수하면 그 동물은 그때부터 '제물'이 되는 것입니다. 그러므로 안수집사, 권사, 장로가 되는 분들은 안수 받음을 통해 하나님께 산 제물로(롬 12:1) 드려져야 합니다.

둘째, 안수는 전이시키는 것입니다.

안수 받은 동물은 이제 안수한 사람의 모든 죄를 대

신 뒤집어쓰게 됩니다. '죄가 전이'된 것입니다. 그래서 이제는 그냥 제물이 아니라 '죄를 뒤집어 쓴 제물'이 되는 것입니다. 안수는 안수하는 자의 신앙과 인격을 전이받는 행위입니다. 같은 맥락에서 엘리사는 스승 엘리야의 겉옷을 취하였습니다. 그러므로 담임목사의 신앙과 인격을 존경하거나 본받으려는 생각 없이 단지 직분만을 얻으려고 안수를 받는 것은 삼가야 할 것입니다. 안수 받은 분들은 하나님의 은혜와 직분을 전이시켜 주는 목회자를 사랑하고 존경해야 합니다.

셋째, 안수는 죽는 것입니다.

안수 받은 동물은 결국 제사장에 의하여 죽게 됩니다. 안수를 받은 직분자들은 십자가에서 예수님과 함께 죽어야 합니다. 욕심, 자랑, 미움, 시기, 분노, 거짓, 정욕 등 하나님이 싫어하는 것들을 십자가에 못 박아야 합니다. 자신을 죽이는 일, 즉 자아를 죽이는 일은 쉽지 않습니다. 한 번 죽었다고 죽은 것도 아닙니다. 또 살아납니다. 그래서 사도 바울은 "내가 매일 죽노라"라고 고백했습니다. 안수 받은 이들은 매일매일 자신을 십자가 앞에 내려놓아야 합니다.

넷째, 안수는 축복입니다.

아브라함은 살렘왕 멜기세덱에게 축복을 받았습니다(창 14장). 이삭이 야곱을 축복하였습니다(창 27장). 야곱은 얍복강 나루터에서 천사와 씨름한 후에 이렇게 말합니다.

"당신이 내게 축복하지 아니하면 가게 하지 아니하겠나이다."(창 32:26)

야곱이 열두 아들을 축복하였습니다.(창 49장) 예수님께서는 자신에게 오는 아이들을 안아 주시고 안수하시고 축복하셨습니다(막 10:16). 이처럼 안수 받은 직분자들은 교회에서 축복의 통로가 되어야 합니다. 가정에서도 믿음의 부모로서 자녀들을 마음껏 축복해야 합니다.

다섯째, 안수는 치료하는 것입니다.

예수님께서 안수하심으로 많은 병자를 고치셨습니다. 이와 같이 안수 받은 자는 상한 마음을 치유하고, 회복시키고, 소생시키는 종들이 되어야 합니다.

여섯째, 안수는 헌신이 시작되는 것입니다.

기름부음으로 안수 받은 사울과 다윗은 왕으로, 사무엘은 선지자로의 삶을 시작하였고 평생을 그렇게 헌신하였습니다(삼하 4:3). 바울과 바나바는 안디옥교회에서 이방인을 위한 선교사로 안수 받고 헌신하였습니다(행 13:3). 안수 받은 이유 중 가장 중요한 것은 바로 그리스도의 몸된 교회의 충성된 일꾼으로 헌신하는 것입니다.